LIFE
MARKETS

Trading Mortality and Longevity Risk
with Life Settlements and Linked Securities

美国寿险
保单贴现市场

[美] 维沙尔·B.布扬（Vishaal B. Bhuyan） 编
北京保险服务中心股份有限公司 译

中国财经出版传媒集团

经济科学出版社
Economic Science Press

WILEY

图字：01 - 2019 - 5568

本书中文简体版翻译作品的著作权属北京保险服务中心股份有限公司。

Life Markets：Trading Mortality and Longevity Risk with Life Settlements and Linked Securities by Vishaal B. Bhuyan，ISBN 978 - 0470 - 41234 - 3

Copyright © 2009 by Vishaal B. Bhuyan. All Rights Reserved.

This translation published under license. Authorized translation from the English language edition，Published by John Wiley & Sons. No part of this book may be reproduced in any form without the written permission of the original copyrights holder.

Copies of this book sold without a Wiley sticker on the cover are unauthorized and illegal

本书中文简体中文字版专有翻译出版权由约翰威立公司（John Wiley & Sons，Inc.）授予经济科学出版社。未经许可，不得以任何手段和形式复制或抄袭本书内容。

本书封面贴有 Wiley 防伪标签，无标签者不得销售。

图书在版编目（CIP）数据

美国寿险保单贴现市场/（美）维沙尔·B. 布扬（Vishaal B. Bhuyan）编；北京保险服务中心股份有限公司译. —北京：经济科学出版社，2019.10

书名原文：Life Markets：Trading Mortality and Longevity Risk with Life Settlements and Linked Securities

ISBN 978 - 7 - 5218 - 1029 - 5

Ⅰ.①美⋯　Ⅱ.①维⋯②北⋯　Ⅲ.①人寿保险 - 保险业务 - 研究 - 美国　Ⅳ.①F847. 126. 22

中国版本图书馆 CIP 数据核字（2020）第 066761 号

责任编辑：周国强　　责任校对：郑淑艳　　责任印制：邱　天

美国寿险保单贴现市场

［美］维沙尔·B. 布扬（Vishaal B. Bhuyan）　编
北京保险服务中心股份有限公司　译
经济科学出版社出版、发行　新华书店经销
社址：北京市海淀区阜成路甲 28 号　邮编：100142
总编部电话：010 - 88191217　发行部电话：010 - 88191522
网址：www. esp. com. cn
电子邮件：esp@ esp. com. cn
天猫网店：经济科学出版社旗舰店
网址：http：//jjkxcbs. tmall. com
固安华明印业有限公司印装
710×1000　16 开　17 印张　270000 字
2020 年 1 月第 1 版　2020 年 1 月第 1 次印刷
ISBN 978 - 7 - 5218 - 1029 - 5　定价：68. 00 元
（图书出现印装问题，本社负责调换。电话：010 - 88191510）
（版权所有　侵权必究　打击盗版　举报热线：010 - 88191661
QQ：2242791300　营销中心电话：010 - 88191537
电子邮箱：dbts@ esp. com. cn）

中文版序言

《美国寿险保单贴现市场》这本译著的出版填补了我国保险市场保单贴现实务规程的空白，其价值有助于保险业，尤其是寿险领域的资产流动性管理。王宪章先生是我国著名的保险专家，具有丰富的国际国内保险市场经验，他领导的保险机构从产险、寿险到再保险和保险中介。他的保险职业生涯是我国保险业改革开放发展的有益实践和生动写照。王先生是保险业老前辈、老领导、老专家，是我衷心敬仰的长者。2000 年至 2005 年间曾任中国人寿保险集团公司总经理、中国人寿股份公司董事长。王先生从中国人寿退休后，担任北京保险服务中心董事长，继续为保险业贡献智慧和力量。为寿险保单贴现在我国落地，王老先生带领其经营团队，历时半年翻译了维沙尔·B. 布扬（Vishaal B. Bhuyan）的 *Life Markets*，取名"美国寿险保单贴现市场"。

本书全面介绍了美国寿险保单贴现市场的发展历程和现状，从技术层面较为系统地介绍了保单贴现业务证券化、保单价值评估，以及保单贴现业务的风险管理和市场监管等。特别是在社会功能问题上，本书提出了寿险保单贴现是应对美国社会人口老龄化问题的重要手段的观点。当前，我国人口老龄化的形势日趋严峻，保险业理应为缓解这一社会课题承担应有责任。在递延型税收养老、投资医疗养老机构、住房反向抵押保险等多项举措的基础上，寿险保单贴现有可能成为保险业服务民生、应对老龄化社会问题的又一重要抓手。因此，本书提供的思路和市场经验值得参考。

综观本书，我觉得以下几方面值得特别关注：

一是寿险保单贴现必须以客观科学的保单价值评估体系和严密细致的风险管理技术为基础。这样做可以最大限度地保护消费者和投资人的合法权益，并通过保单贴现业务进一步激发民众参保的积极性和主动性。

二是寿险保单贴现以预期寿命受影响的患病人群为主要对象。美国的寿险保单贴现业务，从终末期疾病贴现为起源，发展到老年人保单贴现，形成了比较成熟稳定的发展模式，其关键点在于满足客户端的真实需求，解决了投保人/被保险人医疗费用短缺的问题，也在一定程度上缓解了老年人长期照护方面的财务困难。

三是从投资角度看，证券化的保单贴现业务是美国寿险市场相对成熟的投资品种，具有很好的防范和化解投资风险与保险经营风险的能力。

他山之石，可以攻玉。目前，我国寿险保单贴现市场还处于准备阶段，可以借鉴参考的专业论著极其有限，个人以为，这本译著对于从事寿险保单贴现的从业人员以及监管人员，都具有重要的启发作用和参考价值。同时，期待业界在未来寿险保单贴现业务实践中，能够将国外的市场经验与我国市场实际紧密结合，实现高起点、规范化发展。

适逢我国国内保险业务复业40周年，北京保险服务中心翻译的这本书在这个时点出版，感谢王宪章董事长及其团队用这样的方式来纪念中国保险业的重要时刻！感谢他们给保险业介绍了寿险保单贴现这一行业新知识和经验！

最后，衷心祝贺《美国寿险保单贴现市场》中文译著出版发行，也由衷期待着我国保单贴现市场更好地造福人民群众。

周延礼

2019 年 11 月 19 日

译者序

作为一名保险老兵，有幸亲历了中国保险业改革开放的四十年，目睹了保险业改革开放所取得的巨大成就。2018 年，我国实现保费总收入3.8 万亿元，保险总资产18.3 万亿元，其中，人寿保险公司总资产已经达到14.6 万亿元，已经成为全球第二大保险市场。欣喜之余，我经常思考这样的问题：寿险行业发展如此迅猛，怎样在此基础上盘活寿险资产、改善民生，更好地满足人民群众对美好生活的向往？

在一次工作交流中，我了解到保险监管部门正在思考开展寿险保单贴现业务试点。经过学习和思考，我深切地感受到，寿险保单贴现不仅能为保险行业注入新的活力，而且也是解决上述问题的有效途径之一。

按照美国等成熟保险市场的实践经验，由于寿险保单贴现盘活了流动性较低的寿险资产，因此，它将为老年人提供寿险保单的变现途径，从而缓解其养老、医疗、护理等费用支付压力；其次，它也为投资人提供了风险较低而收益较高的投资品种；进而，寿险保单贴现将有助于激发保险市场的购买力和消费热情。

我国已经步入老龄化社会，我国保险业也正处于回归保障和转型升级的新阶段。借鉴国外成功经验，发展好寿险保单贴现业务，无疑符合保险业服务老龄化社会的政策导向，也符合保险业深化改革、服务实体经济、改善民生的方向。

承蒙监管部门的信任和厚爱，北京保险服务中心幸运地成为保单贴现的试点机构。在筹备保单贴现业务过程中，我们得到了保险监管部门、高等院校、寿险公司和投资机构等单位的领导、专家学者的指导和支持；许多寿险公司和投资机构对保单贴现试点给予了积极响应，并启动了合作。借此，一并致谢。

在我国，保单贴现业务从无到有。作为试点机构，我们深知担负的历史责任和使命。面对试点工作无成熟运营模式和经验技术可依的困难，我们组织专业人员翻译了《美国寿险保单贴现市场》一书，以便借鉴美国寿险保单贴现市场的运行机制、管理模式、专业技术和市场经验，为我国寿险保单贴现市场发展提供指导和参考。

该书从经济学的理论高度，以金融业的实践为基础，对美国寿险保单贴现市场进行了多视角、全方位的阐释，具有较强的理论性和实践指导性。原著作者以教科书般翔实的笔触，从寿险保单贴现的基本模式、精算定价原理、证券化路径、市场风险及其化解路径、监管政策等方面，介绍了人寿保单如何作为一类特殊的金融资产，在市场上进行公开出售和公平交易；总结归纳了美国寿险保单贴现市场发展的实践经验；揭示了如何应用寿险保单贴现应对老龄化社会的内在逻辑。

希望通过该书的翻译出版，让行业内外更多地了解寿险保单贴现及其市场运作；希望它帮助我们把试点工作做好做扎实，实现高起点、规范化发展；希望通过寿险保单贴现，"让您的保单更有价值"，使人寿保险更好地满足人民群众对美好生活的向往和追求。

本书能够顺利翻译、出版发行，要感谢北京保险服务中心邓建华、赵子越、沈承、冀晓杰等译者的辛勤工作，感谢审校专家的精心审校，感谢原著作者的无私奉献，感谢约翰威立国际出版公司和经济科学出版社的辛苦劳动。

由于译者水平有限，错误之处在所难免，请广大读者不吝指正赐教。

北京保险服务中心股份有限公司

二〇一九年六月于北京

对于我的家庭，尤其是我的父母而言："生活中没有条条框框，只有后果。"

——普拉桑特·B. 布扬（Prashant B. Bhuyan）

"在我们这个时代，人寿保险已经成为公认的投资和自我强迫储蓄的最佳形式之一。"

——美国最高法院法官奥利弗·温德尔·霍尔姆斯（Oliver Wendell Homes）在 1911 年对格里斯比诉罗素（Grigsby v. Russell）一案的意见中写道

贡献者列表

维沙尔·B. 布扬，VB 布扬股份有限公司管理合伙人。

大卫·布莱克教授，养老金研究所主任，课题由高盛、德意志银行、苏格兰皇家银行和 EFG 国际赞助。卡斯商学院和伦敦城市大学教授。

米卡·布卢姆菲尔德，斯特洛克律师事务所合伙人。

马修·C. 布朗多夫先生，布朗多夫·佩姆有限责任公司首席投资官。

詹姆斯·卡沃利，保单贴现咨询有限责任公司（Life Settlement Insights）首席执行官。

迈克尔·法萨诺，法萨诺联合公司总裁。

黛比·哈里森博士，养老金研究所研究助理。

乔治·J. 凯瑟，就职于美国保险监督官协会、北达科他州众议院。

约瑟夫·R. 梅森博士，沃顿商学院高级研究员。

艾曼纽·莫杜，贝氏（A. M. Best）公司总经理。

安东尼·R. 莫特，毅联汇业（ICAP）资本市场结构性保险产品（Structured Insurance Products），总经理。

尼莫·佩雷拉，风险资本合伙人，总经理。

乔纳森·萨多夫斯基，布朗多夫·佩姆有限责任公司财务总监兼投资组合经理。

约瑟夫·塞尔维迪奥，斯特洛克律师事务所合伙人。

哈尔·J. 辛格博士，标准经济有限责任公司总裁。

查尔斯·A. 斯通，纽约市立大学（CU-NY）布鲁克林学院经济系教授。

鲍里斯·齐瑟，斯特洛克律师事务所合伙人。

安妮·齐苏，纽约市立大学城市技术学院商业系教授，纽约大学多元技术学院金融工程系教授。

序　言

当今世界，人们普遍都活得更久了，而且生活水平也更好了，这得益于医学和医疗手段的进步。但问题也随之而来，人们寿命的延长，给个人、家庭和政府带来了越来越大的负担，因为养老基金根本跟不上退休人员寿命延长的步伐。活得更久是美好的，但在贫困中活得更久就不同了。

本书是由维沙尔·B. 布扬（Vishaal B. Bhuyan）先生编写的，他告诉我们应该如何更好地为繁乱或可能资金不足的未来做好准备，以通俗易懂的方式描述了寿险保单贴现市场。任何对自己、家人、朋友和国家投资未来感到担忧的人，都应该花时间读一读这本书。

丹尼斯·加特曼
《加特曼通讯》编辑

老龄化将对全球经济产生深远负面影响的观点已经存在了几十年，但它要么被忽视，要么被置于其他看似更重要的问题之后。这么多年来，人们一直在逃避老龄化和养老问题，但现如今我们需要去重视它们了。

据日本厚生劳动省的统计数据，2008 年日本的死亡人数为 114 万人，出生人数为 109 万人，人口减少了 51000 人。到 2050 年，日本和俄罗斯的人口将减少 20% 以上；韩国将有 38% 的人口超过 65 岁，成为世界上老龄化程度最高的国家之一。自 2006 年以来，美国每小时有 330 人进入 60 岁，这一数字令人吃惊。印度和中国 65 岁以上人口的比例分别为 5.2% 和 8%，美国的这一比例超过了 12%，而英国更是有超过 16% 的人口为 65 岁以上人群，人口老龄化形势不容乐观。

虽然长寿是件好事，但长寿会给经济带来压力，特别是养老和医疗方面。在美国，社会保障和老年人医疗保险（Medicare）目前约占 GDP 的 7%，但在未来 25 ~ 30 年内，这些项目将占近 13%，几乎快要超出联邦预算。为防止这类情况发生，专家们已经提出了一些建议，比如向移民开放边境以增加劳动力，将政府项目（主要为养老项目）私有化，以及将退休年龄从 65 岁提高到 71 岁等。然而，这些建议并不能充分解决这一问题，且未被大众接受。一些国家已经计划在 20 年内将退休年龄延长 2 年，但这还远远不够。相对于早在 19 世纪就开始实行的固定 60 ~ 65 岁退休年龄（在某些地方是 55 岁），退休年龄至少应该是 71 岁，才能应对过去 100 年里预期寿命的大幅增加。

大规模的移民将会带来许多国家安全问题，因为人本质上是不可替代的资产。要让移民填补"婴儿潮"一代所留下的技术性劳动岗位的缺失，他们的技能和教育水平必须相当。此外，要抵消"婴儿潮"一代的影响，所需的移民的数量之多是不可想象的。

预期寿命增加的同时，其不确定性也在增加。对许多养老基金来说，这种不确定性造成了大量无法量化的风险，使它们无法准备好应对未来的款项。对于65岁的人群来说，预期寿命每增加一年，养老金债务的现值大约会增加3%（据伦敦养老金研究所研究），到2050年，养老金的支出可能会比目前的预期高出18%。再加上目前的经济危机（编写该书时正处于经济危机期间），导致美国存在大约4000亿美元的资金缺口（而2007年底为600亿美元盈余）；而对于养老基金管理者而言，管理长寿风险尤为重要。

资本市场已经发行了许多可行的解决方案（如长寿债券和可置换产品），通过养老金计划对冲和管理这种长寿风险，并允许机构投资者从中获利。虽然这些产品仍处于初期阶段，但鉴于市场的规模（根据Waston Wyatt's Global的2007年全球养老金资产研究，当中有大约23万亿美元的长寿风险收益养老金基金），我相信长寿相关产品的衍生品将会在未来几年发挥影响。

养老基金在未来几年的持续走低，将会加剧当前的经济危机，老年人将不得不考虑如何为退休后的生活做好资金准备。这将引发"反向权益交易"，老年人将可能通过住房反向抵押贷款或保单贴现等方式，来获取养老生活所需的资金。

寿险保单贴现是指老年人以高于现金退保价值但低于保单保额的价格向机构投资者出售保单的交易行为。后续保费由投资者支付，直到保单的被保险人身故。投资者可以获得不受其他市场因素影响的收益，而保单持有人则可以一次性获得一笔钱以承担日常生活开销或满足其他需求。保单贴现也会以资产池的形式在三级市场中进行交易，其回报可观，且不受经济因素的影响。许多大型投资银行和多策略对冲基金已经在保单贴现或相关产品上投入了数十亿美元。

这本书旨在提供一个关于保单贴现市场完整的分析，同时触及一些其他衍生品在寿命市场的风险。每一章都引用了在保单贴现行业有多年经验的专家的观点。

致 谢

　　我要向所有贡献力量、帮助塑造和建立这一新兴市场的人们表示最深切、最真诚的感谢，他们非常乐于与我们大家分享他们的知识。我还要感谢皮娅，她一直鼓励我从全局着眼；也感谢马克给了我一个开始。

目　录

第 1 部分
保单贴现基础

　　本部分从保单贴现的发展简史，结合人寿保险的特点，阐述了保单贴现基本原理和市场参与方、核保要素和核保流程，并介绍了与保单贴现相关的寿险保单置换和保费融资，详细讨论了寿险保单贴现基础知识。

1

保单贴现简史

维沙尔·B. 布扬 （Vishaal B. Bhuyan）

VB 布扬股份有限公司管理合伙人

人寿保险二级市场的法律和概念基础源于美国最高法院格里斯比诉罗素（Grigsby v. Russell，1911）一案，该案的判决确立了保单持有人有权利转让他的保单，就像转让其他资产（的方式）一样。奥利弗·温德尔·霍尔姆斯（Oliver Wendell Holmes）法官表示，人寿保险涵盖了财产（如房地产、股票和债券）的所有法律属性，因此保单持有人可以"不受限制地对保单进行转让"。霍尔姆斯说："在我们这个时代，人寿保险已经成为公认的投资和自我强制储蓄的最好方式之一。"本案规定了保单持有人的权利，允许保单持有人：

- 指定保单受益人；
- 凭借保单贷款；
- 将保单卖给另一方；
- 变更保单受益人。

现代保单贴现市场的第一种形式是 20 世纪 80 年代的终末期疾病贴现（viatical settlements），当时被诊断为艾滋病的男性将自己的寿险保单出售给第三方投资者。终末期疾病贴现，是指被保险人预期寿命不足两年的保险合同的买卖。20 世纪 80 年代，大多数人在制定理财计划时都没有妻子或孩子需要考虑。此外，这些交易使得贴现者获得资金以支付医疗费用。当时，医学界对艾滋病病毒知之甚少，所以一旦确诊，患者的预期寿命通常很短。但随着医疗技术的进步，患者的寿命得到延长，持有保单贴现投资组合资产的投资者开始面临不容乐观的损失。此外，由于这种投资通常具有争议性，所以限制了机构投资者对市场的兴趣。

尽管如此，在20世纪90年代中期，由于保单贴现不需要缴纳所得税或资本利得税，还是有一小部分美国和欧洲投资者继续参与到保单贴现市场中来。2000年左右，监管机构开始建立行业标准，以减少欺诈，树立典范，市场又得以重生。另外，2004年美国保单贴现行业协会的成立，进一步推动了寿险保单贴现市场的发展，将其从有争议的、投机性的终末期疾病贴现市场中分离出来。

根据康宁公司（Conning & Co）的数据显示，如今，保单贴现市场正经历巨大的增长，规模从2003年的30亿美元扩大到2008年的150多亿美元，预计未来几年将增长到1600亿美元。此外，主要由金融机构组成的保单贴现行业协会等组织机构，专注于建立健全的行业法规、推动行业发展、研发与寿命有关的其他金融产品，从而使这个行业更合法化和规范化。

市场的增长也要归因于巨大的人口结构变化，例如，"婴儿潮*"、人口老龄化和不稳定的金融市场，这些变化正在进一步激励老年人出售其人寿保单，并吸引希望获得与其他市场相关性较低资产的投资者。

---

* 婴儿潮（baby boom），指的是在某一时期及特定地区，出生率大幅度提升的现象。这个词的首次出现，主要是指美国第二次世界大战后的"4664"现象——从1946~1964年，这18年间婴儿潮人口高达7800万人。——译者注

2
人寿保险的特点

维沙尔·B. 布扬 （Vishaal B. Bhuyan）

VB 布扬股份有限公司管理合伙人

本章探讨了人寿保险合同最重要的特点，因为它们适用于保单贴现交易。人寿保险和保单贴现的讨论离不开对"保险利益"这一主题的考察，这一主题在第 19 章中有深入的论述，在本章中仅作概述。总的来说，在制定投资寿险二级市场的方案之前，重要的是对个人寿险有深入的了解。

人寿保险是保单持有人和保险公司（如大都会人寿）之间的法律合同（即保单），即保险人同意当被保险人死亡时一次性支付受益人一笔保险金。被保险人和投保人不一定是同一人，但在大多数情况下是同一个人。与所有类型的保险一样，保单持有人无论是投保人还是第三方投资者，都需要支付每月、每季度或每年的保费，以确保保单有效。保单受益人为被保险人死亡后获得身故保险金的单位或个人。保单受益人由被保险人指定，可以是他希望的任何人。身故保险金的初始受益人必须在合同中享有受益权。

受益权的定义是"从信托中获得利益或本金分配的权利"，它是用来确定一旦被保险人死亡，保险单的受益人是否会遭受"经济损失"。公司和家庭成员被认为与被保险人的生命存在保险利益。例如，妻子为丈夫购买人寿保险是很平常的事，因为她很关心他的生命。此外，公司可以为其合伙人购买人寿保险，如果合伙人中的任何一个过早死亡，可以确保公司有足够的资本购买这一合伙人的股份（如果他们的家人不希望继续持有股份），公司将每月支付保费，并在保单签发时被指定为受益人。在这两种情况下，保单受益人与被保险人的生命均存在利益关系。保单签发时必须有保险利益，在可抗辩期结束后可将受益人变更为保单投资人，原合同中包含不可撤销的受益人条款除外。

可抗辩期

寿险保单生效的最初几年被称为"可抗辩期"（contestability period）。这一期限通常为 2 年，但监管机构强烈要求将这一期限延长至 5 年，从而使保单禁售期延长至 5 年。在此期间，如果保险公司怀疑投保人在申请中存在虚假陈述或欺诈行为，或认为自杀是死亡原因，可以对身故赔偿金提出抗辩。在过去的几年里，许多投资者因在这 2 年内价格上有巨大折扣而购买了保单，但市场的总体趋势是回避可抗辩的保单（wet paper，又称"墨迹未干的保单"），以规避监管风险。投资处于可抗辩期保单被称为"陌生人发起保单"（stranger originated life insurance，STOLI）或"投资人发起保单"（investor originated life insurance，IOLI），这在本书后面的章节会进行描述。值得注意的是，在可抗辩期结束后，保单贴现交易的价格会大幅上涨。

寿险保单一旦渡过可抗辩期，在法律上保险人就不能拒绝支付身故保险金了。但是，只要被保险人还活着，且投保人被认定在保单签发时不存在保险利益的，保险公司可以随时解除合同。

保单种类

人寿保险合同有两个主要类型：终身寿险和定期寿险。

终身寿险为被保险人提供保障直至保单到期，包括终身寿险、万能寿险和可变万能寿险。保单还包含现金价值，随着保费缴纳和期限延长，保单现金价值会逐渐增加。如果投保人希望在合同期间的某个时候退出，将有资格获得保单的现金价值。保单持有人可以通过提取或抵押保单贷款来获取保单中的现金价值。以保单抵押借入的资金可以主动偿还，也可以从保单的现金价值或身故保险金中扣除。保单现金账户的管理方式使终身寿险不同于定期寿险。

定期寿险通常收取的保费较低，因为它只提供特定期限的保险，如 10 年期。定期寿险通常是相对年轻的客户购买的，因此定期寿险的相对失效率要高得多，这使得保险公司能够以较低的费率提供保险（见表 2.1）。

表 2.1　　　　　　　　　　　　人寿保险保单特点

保险类型		保费	死亡利益	现金价值积累	投资选择	监管治理机构	保单贴现
定期	标准定期寿险	相对较低，固定	在期限内固定，然后为零	没有	没有	州	没有
	可续期型定期寿险	相对较低，递增	固定	没有	没有	州	没有
	递减型定期寿险	相对较低，递减	在期限内减少，然后为零	没有	没有	州	没有
	可转换期限定期寿险	—	—	没有	没有	州	有
终身	普通型终身寿险	相对较高，固定	固定最小值金额	有，保证	没有	州	有
	万能型终身寿险	相对较高，灵活	可变	有	没有	州	有
	变额终身寿险	相对较高，固定	波动取决于投资表现	有	有	SEC	取决于不同投资者
	变额万能寿险	相对较高，灵活	波动取决于投资表现	有	有	SEC	取决于不同投资者

注：投资变额万能寿险（variable universal life，VUL）需要在美国证券交易委员会（Securities and Exchange Commission，SEC）注册。VUL 保单的内部收益率取决于保单所关联的共同基金的表现。通常，VUL 保单会设有上限利率。

定期寿险保单通常不适合保单贴现投资者（除非该保单是可转换期限的），因为被保险人在承保期内身故的可能性很低。变额万能寿险（variable universal life，VUL）保单对二级市场参与者可能也没有吸引力，因为它受到美国证券交易委员会（Securities and Exchange Commission，SEC）的监管，要求获得额外的证券许可证；但是不同保单贴现公司的处理情况有所不同。

下面介绍市场上常见的各种类型的人寿保险。

终身寿险（whole life）的保险期限为保单约定日期起直到被保险人死亡，提供死亡保障和储蓄功能。此外，许多保险公司将向投保人支付超额保费的利息。

万能寿险（universal life）是一种更灵活的终身人寿保险，它提供一种储蓄成分，通常会有一个保证利率。此外，保单持有人可以从其账户中借贷或提取资金。万能寿险保单还允许保单持有人调整身故保险金和/或保费支付（在一定范围内），以根据需要定制现金流。这对于保单贴现投资者来说很重要，因为适当的现金管理和保费优化可以带来更高的回报。

变额寿险（variable life）除了提供身故保险金外，还为客户提供多种专业管理的投资选择。账户中积累的资金可用于投资股票、债券和货币市场共同基金。尽管有一些上升潜力（通常回报也有上限），但该保单面临市场风险。尽管一些保单对特定水平的身故保险金进行了承诺，但在市场波动期间其现金账户价值和身故保险金都可能减少，这可能导致保单持有人的净保费支出增加。保单持有人也可以借贷或支取现金价值，这也可能会减少账户中的现金价值和身故保险金。

变额万能寿险（variable universal life）是一种混合产品，它兼具变额和万能两种保险的特点，既能改变保费支付和身故保险金，又具有投资成分，但易受市场风险的影响。

可转换定期寿险（convertible term life）是一种定期保险，不需要附加被保险人有关的任何医疗信息就可以转换为终身寿险，而且即便被保险人的健康状况发生了变化，保费也不会增加。

3

什么是保单贴现?[1]

大卫·布莱克 （David Blake）

养老金研究所主任，卡斯商学院教授

黛比·哈里森 （Debbie Harrison）

养老金研究所研究助理

课题调研赞助商：德意志银行　EFG 国际　高盛　苏格兰皇家银行

寿险保单可以转让，这意味着被保险人或者是投保人（如果是不同的个人或实体）——可以出售保单，并将保单受益权转让给买方。当第三方购买寿险保单的权益时，这种行为被称为"寿险保单贴现"（life settlement，简称为保单贴现）或"寿险保单交易"（traded life policy，TLP）。

根据美国人寿保险监管规则中的不可抗辩条款，只要保费在被保险人死亡前已经全额支付，人寿保险公司通常不能在可抗辩期结束后对身故保险金的给付提出异议。

要理解二级市场是如何运作的，首先要了解购买终身寿险保单的原因，以及它们可能会在日后被出售的原因。

购买保单最常见的原因是为了获取生命保障，以便在保单持有人（被保险人）死亡时，家属（或公司）能获得一笔资金。但是，这种需要可以通过购买定期保险来满足，定期保险被认为是一种比终身保险更简单的产品，而且在许多情况下比终身保险更便宜。那么，为什么要购买更复杂、更昂贵的替代品呢？这可能是由于购买方的偏好，但也可能要归因于保险公司和保险中介的营销（卖方）。从行为的角度来看，对于那些不愿意购买纯保障产品（只有在出现死亡索赔时，保单才会得到赔付）的消费者来说，终身保险比定期保险更具吸引力。定期保险规定只有保单持有人在保险期内死亡才会赔付，汽车和住房保险也属于这一类情况。终身保险被认为是一种更容易出售的保险，因为保单的投资成分提供了额外的现金价值，无论被保险人何时身故，都将获得保险金。由于终身寿险和万能险支付给代理人的高额销售佣金是定期产品无法比的，因此还可能存在一定程度的销售误导。

投保人出售终身保单的原因有很多。通常情况下，投保人的情况已经发生了变化，他们不再需要人寿保险，希望获得其内在的资本价值，而不是简单地让保单失效。在利率相对较低的时期，与存款利率和固定收益债券利率挂钩的投资品种的收益增长有限，这可能是出售的另一个原因。

伯恩斯坦（Bernstein）研究报告了美国康涅狄格州首府哈特福德（Hartford）2003 年消费者调查的结果，列出了出售保单的四个主要原因。[2] 在这里，我们按标题百分比（即出于所述原因而购买保单的百分比）——列明，然后针对每个百分比，我们简要分析了购买者随后可能出售的原因。

（1）收入保障（income protection，占79%）。到目前为止，这是最常见的出售理由，当初购买保险的初始目的是为了补偿有经济受养人的身故者的收入，例如，有孩子还在上学的在职父母，一旦受养人在经济上独立，保险可能会被认为是多余的，如果保单的出售能够获取一笔资金，并不再需要支付保费，那么保单的出售可能会有吸引力。如果被保险人身体状况不佳，通过退保或在二级市场出售，可以为医疗和其他需求提供资金。

（2）遗产规划（estate planning，占9%）。遗产规划是指个人希望在去世时一次性向受益人提供一笔财产，以支付遗产相关的税单。家庭安排的变化，例如，离婚或抚养人的死亡，可能会使遗产规划的价值显著降低，导致这份保单变得多余。美国未来对遗产税立法的改变也可能减少对这类保障的需求。

（3）退休计划（retirement planning，占8%）。对于那些寻求保险和投资组合的人来说，退休计划可能是他们购买保险的原因，因而他们可以以现金价值为抵押贷款或在可能的情况下直接提取其现金价值。出售的原因可能包括年龄及清算退休融资工具的意愿。

（4）商业计划（business planning，占4%）。这是最小的组成部分，指的是如果重要的员工或合作伙伴去世，企业将会遭受损失。关键人物保险在被保险人死亡时向其投保人（雇主或合伙人）进行赔付，避免在某种程度上业务的稳定性被破坏。合伙人也可以用它来协助制定接任计划，这样剩下的合伙人就有足够的资金从已故合伙人的家人手中买下所持的企业股份。但是如果被保险人（员工/合伙人）离开企业或合伙企业解散，这种需求可能会发生变化。

在出售保单的这四个原因中，从道德角度来看，我们认为最后一个的争议最小，公司出于商业计划的原因而购买的保单作为公司资产具有第三方属性，因而在销售过程中避免了潜在的低价出售。尽管如此，市场滥用的可能性仍然存在。

沃顿商学院（Wharton）的报告中指出，一般来说人寿保单是可转让的，这意味着它们可以被第三方接管[3]。当确实不再需要保单，或者对资金的需求比保障需求更为迫切时，投保人有三种选择：一是停止缴纳保费，任由保单失效，在这种情况下投保人没有任何回报；二是退保获得退保金；三是在二级市场出售，获得比退保金更多的金额。实际上，对保险公司的监管来说，基于不同健康条件提供不同的退保金是一个复杂的问题。通常退保金价值是基于常态健康人群的假设而核定的，对于那些健康受损的被保险人来说，退保金通常不具吸引力。

寿险保单贴现市场关注的是健康受损的老年人，即年龄在65岁以上、预期寿命（life expectancy，又称寿命预期、生存预期）较短的被保险人。对于投资者认为可以接受的预期寿命长短，人们意见不一：最低可达3年，一般上限在15～20年之间。被保险人预期寿命不超过2年的保单贴现，属于终末期疾病贴现，有别于其他种类的保单贴现。贝氏公司（A. M. Best）这样描述二级市场：

> 保单贴现市场是终末期疾病贴现市场的衍生和发展。保单贴现市场中，被保险人的年龄一般在65岁以上，由于健康受损导致预期寿命约为3～15年。被保险人的慢性病越严重，预期寿命越短，得

到的贴现金将会越高。[4]

正如沃顿商学院的报告所指出的那样，二级市场的出现激活了原本缺乏流动性的一级市场。它为想要出售（或被迫出售资产）保单的保单持有人提供了一个潜在的更好的选择，同时还刺激了保险公司之间的竞争。否则，保险公司将不会面临提高保单退保价值或提供其他服务的压力，例如提供保单贷款服务，贷款本息可在被保险人死亡时偿还：

> 如果没有保单交易的二级市场，保险公司就没有动力将"受损"保单（指该保单的被保险人健康受损——译者注）的退保价值调整到具有竞争力的水平，因为它们对"受损"保单的回购拥有垄断权。保单贴现公司削弱了这种垄断力量。[5]

也可以说，二级市场会对一级市场产生有益的影响。当客户看到保单资产具有流动性时，他们可能会更愿意购买人寿保险。只要它受到良好的监管，并且消费者充分了解其所涉交易的性质，二级市场完全可以给消费者提供符合社会伦理道德的利益。

过去 10 年，保单贴现公司如雨后春笋般涌现，它们购买保单持有人不需要的保单，并希望能够获得有吸引力的资本回报。它们向保单持有人提供的贴现金额，高于保险公司的退保金额，但低于保单的身故保额。

保单贴现公司可以出于自身投资目的购买保单，也可以将购买的保单出售给第三方。在后一种情况中，它们充当卖方（保单持有人）和最终买方（投资者）之间的中介。最终的买家有两类：一类是机构投资者，如投资银行、保险公司、对冲基金或养老基金；另一类是个人投资者。虽然高净值的个人投资者可能会直接购买，但多数个人投资者会购买资产管理人发行的集合基金份额或投资银行发行的债券（一种不同类型的集合基金，通常有固定期限，比如 5 年或 7 年）。资产管理人和投资银行从保单贴现公司购买标的保单时，应考虑以下三个问题：一是保单贴现金的支付；二是保单后续的保费缴纳；三是要考虑投资者提现的要求。投资银行债券可能在投资期限内提供一个目标年化收益率，并可能旨在（但不保证）到期后归还投资者的本金。

当被保险人死亡时，寿险保单的收益归保单贴现投资者所有。保单贴现的回报计算如下：

被保险人身故时的总赔付额 − (购买价格 + 维护和运营成本)

维护和运营成本包括从购买日到死亡日之间支付的定期保费 (可以是每月、季度、半年或年度保费) ，以及任何交易和运营成本 (包括向中介机构支付的销售佣金) 等。

根据伯恩斯坦 (Bernstein) 的研究，一份持有 7 ~ 8 年的寿险保单，其预期回报率一般在 9% ~ 13% 之间。投资者的最终回报可能更高或更低，这取决于交易成本和被保险人的身故时间。

贝氏公司 (A. M. Best) 的分析显示，常见的交易成本一般是贴现金的 50% ~ 100%。因此，如果保单贴现公司支付的贴现金额为保单面值的 15%，它可能会将保单以面值的 23% ~ 30% 出售给投资者。根据个人的年龄、健康状况和维持保单所需的保费，这些数值差别会很大。

保单购买者 (保单贴现机构) 向机构或零售市场发行基金时，也会有中介机构 (如咨询顾问、私人客户顾问和销售代表) 参与进来推荐产品，并从中收取佣金。基金评级机构，会根据各种各样的因素对保单贴现资产支持证券进行评级。然而，据我们了解，在撰写本章时，还尚未发现有关长寿风险的保单贴现证券的评级报告。

可见，保单贴现市场虽然处于起步阶段，但已经形成了较为复杂的基础流程。有些流程显然对市场运作是非常重要的，但某些流程可能是没有必要的，还增加了最终投资者的成本。贝氏公司 (A. M. Best) 的研究表明，交易成本可能使保单贴现公司支付给被保险人的价格增加 50% 到 100%。在未来这些成本可能会降低，因为交易平台的发展将卖家和买家连接起来，而不再需要中介参与。此外，与 (隐匿的) 老年人群健康状况相关联的数据库也可以降低此类成本。

注释

1　本章摘自 2008 年 7 月出版的养老金研究所报告《死亡不应具有支配权：保单贴现和从死亡中获利的伦理》(http：//pensions-institute. org/DeathShallHaveNoDominion_Final_3July08. pdf)。

2　苏尼特·卡马斯和蒂莫西·斯雷奇：《人寿保险的长远观点：保单贴现不必令人不安》，伯恩斯坦研究公司，2005 年 3 月。以下简称"伯恩斯坦"，www. bernsteinresearch. com。

3 尼尔·A. 多尔蒂和哈尔·J. 辛格：《人寿保险二级市场的好处》，沃顿商学院，2002 年 10 月。

4 《保单贴现证券化》，贝氏（A. M. Best）公司，2008 年 3 月，www. ambest. com/debt/lifesettlement. pdf。

5 《沃顿商学院报告》，第 1 页。"买方垄断"是指在一个给定的市场中，一种商品或服务只有一个购买者的情况。

4

保单贴现市场参与方

维沙尔·B. 布扬 （Vishaal B. Bhuyan）
VB 布扬股份有限公司管理合伙人

本章更为详细地描述了保单贴现交易中涉及的各方。图 4.1 为保单贴现微观图。

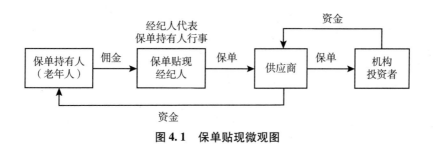

图 4.1 保单贴现微观图

财务顾问

基于保单贴现的复杂性，为了保单持有人的利益，建议咨询一位财务顾问以决定是否要进行保单贴现交易。可以咨询：

- 会计师，CPA 持证者；
- 律师；
- 理财规划师；

- 保险顾问；
- 遗产规划师；
- 认证的高级顾问；
- 慈善信托人员。

保单贴现供应商（统称保单贴现机构）

保单贴现机构代表机构投资者（养老基金、投资银行、对冲基金等）购买寿险保单，可以直接向老年人购买保单，也可以通过保单贴现经纪人购买保单（见图4.2）。机构投资者可以从多个保单贴现机构购买保单，保单贴现机构也可与多个投资者合作以获取资金。保单贴现机构负责个人寿险保单评估和保单持有人（包含受益人）的身份变更，并向原保单持有人提供资金。

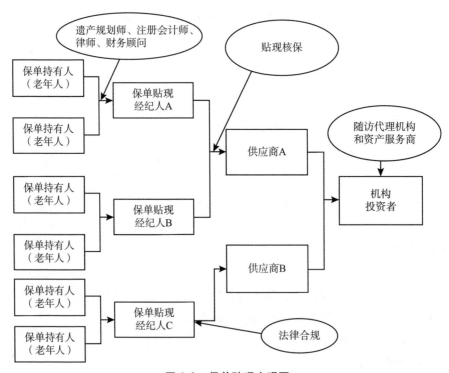

图4.2　保单贴现宏观图

保单贴现机构被要求在保单所在地具有经营许可资质方可进行交易。美国有 41 个州对保单贴现进行了监管。为了严格遵守监管规定，多数保单贴现机构设立了内部合规部门。因为保单持有人希望将保单出售给可靠的投资人，那么与一个信誉良好的保单贴现机构合作是至关重要的。合格的保单贴现机构会全力保护被保险人的个人隐私，严格遵守保单贴现监管规则，并且熟知保单资产的定价。

下方是保单贴现行业的主要保单贴现机构列表：

算盘贴现有限责任公司

第三大道 708 号

纽约，NY 10017

www. abacussettlements. com

桃树保单贴现公司

量子大道 8301 号 2 楼

博因顿滩，FL 33426

www. peachtreelifesettlements. com

考文垂公司

山谷绿道 7111 号

华盛顿堡，PA 19034

www. coventry. com

遗留利益公司

大街 350 号 4230 室

纽约，NY 10018

www. legacy benefits. com

保单贴现方案股份有限公司

9201 光谱中心 105 室

圣地亚哥，CA 92123

www. iss-corp. com

Q 资本策略公司

第三大街 950 号

纽约，NY 10022

www. qcapitalstrategies. com

二级寿险资管公司

威斯康星大街 1010 号 620 室

华盛顿，DC 20007

www. secondarylifecapital. com

生命线计划公司

1979 湖畔 pkwy 二楼

塔克，GA 30084

www. thelifeline. com

经纪人

保单贴现经纪人受保单持有人委托，将寿险保单提交给不同的保单贴现机构，以获得尽可能高的贴现价格。经纪人选择保单贴现机构常见的条件有：市场知名度，与稳定基金公司有合作，符合监管规定，尊重客户隐私。保单贴现经纪人与地产经纪人非常相似，不过他们的佣金相对较高，并且工作中包含了更多的个人敏感信息，因此对于道德标准要求是非常严格的。目前，经纪人的佣金是否披露，在保单贴现行业有很多争议，因为经纪人的佣金是由卖方来承担的。一般而言，保单贴现经纪人收取保单面值的 0.5% ~2% 作为佣金。

经纪人只需为保单寻找不同的买家，最终由保单持有人决定接受哪家。他们通常会根据自己的需求以及财务顾问的建议而作出决定。

和保单贴现机构一样，经纪人也必须在保单持有人居住的州拥有执业许可。不过经纪公司内部不设立合规部门，也不需要像保单贴现机构一样经手资金。

投资人

保单贴现投资人，也称为金融实体，出于投机目的购买寿险保单。投资人通过保单贴现机构收购人寿保险资产，保单贴现机构代表保单持有人进行交易，最终这份保险合同的持有人将转变为贴现投资人。为确保保单的来源稳定，投资人有时会申请成为具有经营许可证的保单贴现机构，或直接收购一家保单贴现机构，或者是收购一家保费融资公司（详见第 8 章）。

寿险保单贴现投资原则上不适用于个人投资者（除非通过共同基金、对冲基金或者保单贴现行业的股票等间接交易工具）。因为除了明显的隐私问题外，保单贴现资产的流动性和风险对于个人投资者来说也是较难承受的。另外，保单贴现机构不会与资本不充足、信誉不良好的投资机构进行交易。

保单贴现投资者必须是符合《1933 年证券法》（*Securities Act of* 1933）规定的合格机构投资者（qualified institutional buyer，QIB）。D 条例和 144A 规则下的合格机构投资者需要满足以下条件：

管理自有账户或者其他合格机构投资者的账户，持有和全权投资的非关联人发行的证券价值在 1 亿美元以上。

合格机构投资者（QIB）不但要求保单贴现投资者有丰富的投资经验，还要具有保险市场相关知识和风险管理经验，即使在市场波动时仍有能力缴纳保费，这有助于保护消费者，免于其利益受损。

机构投资者可以根据投资期限、资本总额和盈利目标设计多种交易计划。多数金融实体会运用自己的建模工具对保单贴现资产进行定价，但生存预期通常会采用市面上主流贴现核保公司的建议。这些定价工具同样有助于制定符合公司整体需求的交易计划。

贴现核保人

贴现核保人，是根据被保险人的医疗记录为市场参与者提供生存期预测的医疗风险评估人员。为了评判被保险人的健康受损程度，他们通常会采用许多不同的精算方法，不过，有部分人仅采用基础的精算方法进行评判。有时，像穆迪或者标普这样的评级机构会对贴现核保人进行评级。投资人采用生存预期数据模拟每张保单的现金流，包括保单存续期间的保费支出和最终的身故给付。

大多数保单贴现机构和投资者合作的都是市面上主流的贴现核保公司。多数情况下，保单贴现机构和投资者会要求在提交个案时，至少使用以下两家进行评估：

AVS 核保公司

城镇公园路 175 号

400 室

肯尼索，GA 30144

21 世纪服务有限公司

南大街 200 号

350 室

明尼阿波里斯市，MN 55402

www. 21stservices. com

法萨诺协会

15 街 1201 号，N. W

250 室

华盛顿，DC 20005

www. fasanoassociates. com

ISC 服务有限公司

美国 19 号高速公路北 17755 号

清水市，FL 33764

100 室

www. iscservices. com

全球寿命核保公司

托伦斯大道 3655 号，3 楼

托伦斯，CA 90503

www. globallifeunderwriting. com

5

保单贴现的其他相关方

维沙尔·B. 布扬 （Vishaal B. Bhuyan）

VB 布扬股份有限公司管理合伙人

本章阐述了其他相关方在保单贴现交易中的作用。

资产服务商

当投资者获得保单后，就必须维持这些保单长期有效，这可以通过保单贴现机构或者资产服务商解决。

资产服务商专门代理客户管理保费支付，跟踪被保险人并提供最新的生存/死亡状态信息，并在被保险人死亡时代申请身故保险金。资产服务商每月为投资者提供月度报告，详细说明投资者的损益、持有保单的总量和保单保费支付的情况等。有些公司还为其客户提供分析，并协助优化投资组合，通过利用保单现金价值来减少保费支付。

这些公司通过电话、电子邮件、信件和各种数据库（如社会保险数据库）检查跟踪被保险人的生存状况。被保险人的亲密联系人（例如兄弟或邻居）也可能被询问。

由于机构投资者往往会与多家保单贴现机构合作，而且保单贴现机构提供追踪服务所产生的费用比较繁琐，因此由多家保单贴现机构来提供这类服务不太现实。所以，许多机构通常雇用第三方服务公司提供服务，这些公司可以通过中央接入点以更低的成本集中提供服务。

比节省成本更为重要的是，选择一家信誉良好的资产服务商进行合作，因为他们可以确保资产安全，并且能妥善管理保单组合。有时会发生保费支付失误，导致保单失效（这种失误在信誉良好的公司中很少发生），虽然大多数资产服务公司可以承担由此造成的损失，但还是应该有备用的服务商和随访代理机构。这似乎与上述使用多家保单贴现机构的说法相矛盾，但使用两家独立服务商和多家保单贴现机构是不同的。因为与资产服务商相比，保单贴现机构提供服务的灵活性和集中化程度较低。

交易所

电子交易所是保单贴现市场的最新发展趋势。然而，在被买家和卖家广泛使用之前，这些交易平台还面临着许多挑战。无论是较小的交易所运营商，如全球保险交易所（Global Insurance Exchange）和寿险交易所（Life Exchange），还是大型的投资银行，如康托尔寿命市场部（Cantor Life Markets，康托尔菲茨杰拉德的一个部门）和寿命服务机构（Institutional Life Services，高盛和通用金融公司的合资企业）等，都必须克服一系列监管和电子商务方面的问题。就目前而言，每笔保单贴现交易的复杂性和独特性，使得以电子方式进行交易极为困难。此外，如果保单持有人希望通过交易平台出售保单，许多交易所要求他们（或可以代表他们的财务顾问）与交易所签订一份具有约束力的协议。由于协议规定保单的卖方不得将保单出售给未列入在交易所名录里的买家，这使得已经非常缺乏流动性的保险资产的流动性进一步降低。

尽管存在困境，但保单贴现交易和相关证券交易确实非常需要一个透明的交易场所。因为交易场所不仅能减少交易环节和降低成本，还能进一步增加保单资产的流动性，并在交易数据和价格数据方面增加透明度，从而使保单贴现成为更高效和更具吸引力的资产种类。

6
保单贴现核保

迈克尔·法萨诺 （Michael Fasano）
法萨诺联合公司总裁

结合人寿保险核保，才能更好地理解保单贴现核保。

人寿保险核保是从寿险和再保险公司的广泛死亡率经验中发展起来的。通过分析大多数医学状况下的超额死亡率，将其转化为"评点"，即将额外的死亡率转换为标准死亡率的百分比。举一个简单的例子，如果我们假设健康的标准体中每千人中有100人死亡，而现在有一个疾病因素导致每千人额外增加死亡50人，那么我们将为该疾病因素设定50个评点，结论就是：这种疾病患者的死亡率将达到标准死亡率的150%。

这种评点方法通常由核保人来实施，他们主要是参照再保险公司制定的核保评点手册。医疗记录和辅助医疗检查（包括血液和尿液样本）均会用于识别重大医疗风险。此外，保单贴现核保人还会向医疗信息局（Medical Information Bureau，MIB，一家保险行业信息合作机构）查询，以核实可能对死亡率产生影响的未公开状况。

经过多年实践，对于寿险市场超额死亡率的预测，评点方法被证实是可靠的。尽管如此，在处理保单贴现申请进行核保时，寿险评点方式却面临着统计学方面的挑战。主要的挑战在于以下五个方面：

（1）传统寿险核保针对总体健康相对受损较小的可投保人群；而保单贴现核保通常针对的是具有多种明显健康受损状况的人群。

（2）传统寿险核保面对的是年轻人群，一般平均年龄不超过 45 周岁。相反的是，保单贴现核保关注老年人群，平均年龄超过 75 周岁。高龄人群的死亡率增速明显快于年轻群体，这使得基于统计学研究的千人超额死亡率向标准死亡增长率转化的过程变得复杂。

（3）病程发展的速度在老年群体和年轻群体中是不同的，或者说老年群体患病率和病程发展速度与总体死亡率风险并不一致。

（4）寿险核保有避免短期发生出险索赔的倾向。因此，一旦有任何对于病患的不确定性，寿险核保人通常将假定以最坏的结果评点或者对于该客户做延期处理。对于保单贴现投资人而言，因为现有的风险是被保险人实际存活寿命高于而不是低于预期寿命，保单贴现核保过程必须接受几近现实的不确定性，并且经常需要假定比寿险核保更乐观的结果。

（5）寿险核保并不要求与保单贴现核保相同水准的专业精通。通常，如果客户资料反映出严重或者潜在严重的损伤/疾患，比如充血性心力衰竭，寿险核保将无需实际评估而直接拒保。而不同的是，保单贴现核保不得不将该病例置于恰当的临床条件下来评估患者的预期寿命：由心肌损害引起的心衰是否不可逆？或是心律不齐引发的心衰是否可逆转，等等。这些重要的特征，会帮助保单贴现核保人判断被保险人的预后和生存预期。只有训练有素的医学专业人员才能进行这类复杂艰难的分析。

保单贴现核保的方法

有两种方法最适合保单贴现核保：改良评点法和基于研究的临床评估判断。

改良评点法 （modified debit methodology）

改良评点法起源于人寿保险核保评点法，并根据保单贴现人口特征进行调整。以下是最为常见的几项调整：

（1）发展速度较慢的疾病。某些疾病如前列腺癌，在老年人群中发展较为缓慢。对于这些类型的疾病评估应减少评点。

（2）尚需时间形成生命威胁的疾病/损伤。某些疾病/损伤最终会发展成为致命的威胁，这对年轻人来说是致命的，但对老年人则不会。如腹主动脉瘤就是这样一种情况。主动脉将血液从心脏泵送到身体的其他部位，通常腹部区域的主动脉壁会变薄，导致主动脉膨胀，我们将其称为腹主动脉瘤。一个 4 厘米的腹主动脉瘤如果出现在一个 35 岁的人身上，那该患者将面临很大的死亡风险。如果未做治疗修复，它可能会扩展到破裂的程度，最终导致死亡。如果通过手术进行治疗修复，预后也会出现并发症，比如中风，最终也会导致死亡。因此，寿险核保通常会将此状况加以重点评点。

然而，如果一名 80 岁的老年人出现 4 厘米的腹主动脉瘤，那么保单贴现核保人只会分配较少的评点，因为在老年人剩余寿命中腹主动脉瘤扩大到破裂的风险概率很小。

（3）总体死亡率增加而导致相对风险较小的疾病。采用每千人口表示超额死亡时，可能存在出现相同超额死亡率的疾病/损伤。然而，当这个超额死亡率转换为保单贴现核保评点时，或者说当它表示为标准或平均值的百分比时，通常会转换为较小的百分比，因为老年人的平均（标准）死亡率比年轻人大得多。这是一个数字逻辑上的调整：每千人口中额外死亡的固定数字，在老年人口的标准死亡率这一较大分母中只占一小部分。

基于研究的临床评估判断 （research-based clinical judgment）

评点法也有一定缺陷，即使经过改良，对预期寿命估算的准确性也不大理想。因为评点法是为健康或相对健康的人群核保而开发的，随着疾病/损伤的严重程度增加，它愈加成为一种不太精确的分析工具。比如转移癌、阿尔茨海默病（ALS）和肌萎缩侧索硬化症（Lou Gehrig's），这些都是预期寿命相对短的疾病实例，需重点研究。

基于研究的临床评估判断，我们从研究文献开始，建立适用于疾病的寿命预期中位数和死亡率曲线。分析的第一步是根据被保险人的风险状况确定适当的死亡率曲线。例如，前列腺癌，至少有四条不同的死亡率曲线，分别介于下列两种极端情况之间：风险概况最差的，预期寿命中位数为 7 年；风险概况最佳的，15 年生存率超过 70%。鉴于这类结果的幅度宽大，在分析预后变量时，将被保险人纳入适当的队列是非常重要的。

基于研究的临床评估判断法的第二个基本步骤是测量疾病在相关死亡率

曲线上的进展。因为我们知道，不同人群的疾病发展速度不同。例如，阿尔茨海默病患者从出现症状开始，平均预期寿命为 9 ~ 10 年，但这种疾病的发展速度在不同人群中可能存在着显著差异。因此，我们还将研究相关的发展特征。我们会分析精神状态检查的结果，包括其绝对性和恶化率，我们还会去寻找反社会和/或精神病行为的证据，以及日常生活活动困难的证据。这些指标将告诉我们，这种疾病发展到死亡的速度有多快。

鉴于分析基于研究的临床判断案例的风险特征和病情进展需要丰富的临床经验，保单贴现核保人必须如同临床主任医师那般具有广泛的临床医疗和病例分析经验，这一点至关重要。

测评技巧

寿险保单贴现核保的一项重要内容是持续分析实际与预期的结果，或者说分析其准确性。因为这些信息不仅反馈出贴现核保人履行其职责的成果，而且有助于他们提高绩效。实际与预期结果的分析，最好由独立的精算公司进行。通常情况下，精算师将得出贴现核保人在每次预期寿命估计中嵌入的死亡率分布。死亡率分布告诉我们各个时间点对应的死亡规模。例如，对于平均预期寿命为 10 年的 1000 人的投资组合，死亡率分布将告诉我们预计在第一年、第二年分别有多少人死亡，依此类推。

精算师将汇总贴现核保人预期寿命评估中嵌入的相关死亡率分布，然后根据贴现核保人预测的总死亡率分布，将各个时间点的实际死亡人数与预期死亡人数进行比较。

实际与预期的比率越接近100%，贴现核保人的工作质量就越好。

死亡率表

死亡率表是按年龄划分的死亡概率表。这些表格由许多国家和政府的各种专业精算机构组织编制。这些表的特征在于从数据来源中获得概率并构成可用性。

政府机构根据他们收集的数据生成的表格称为人口死亡率表（population

mortality table)。这些表主要在人口统计和社会保障中使用，很少用于人寿保险市场。

美国主要的专业精算组织是北美精算师协会（Society of Actuaries，SoA）。它从人寿保险公司收集大量数据，并定期为各种与人寿保险相关的应用需求发布多种表格。

其他国家的类似组织制定并公布适合其各自区域和使用要求的死亡率表。

美国人寿保险业中一些众所周知的死亡率表有：

● 经验表。例如，北美精算师协会（SoA）1975～1980 年死亡率表，SoA 1990～1995 年死亡率表和 2001 年估值基本表（valution basic table，也称为 2001 年 VBT），被用作基本的人寿保险定价表。（最近，2001 年的 VBT 已更新成 2008 年的估值基本表，将在本章后面讨论）

2001 年 VBT 死亡率表最初用于基础的准备金计算，但它很快在各种定价应用中普及。该表是保单贴现市场中最常见的基本死亡率表。

● 监管评估表。例如，1980 年《监督官标准普通死亡率表》[*Commissioner Standard Ordinary（CSO）Mortality Tables*，也称 1980 CSO] 和最近的 2001 年 CSO，由美国保险监督官协会（National Association of Insurance Commissioners，NAIC）规定，作为保险公司计算准备金的标准，这些表格被认为足以维持受监管保险公司的偿付能力。

● 团体死亡率表。这些表格源自各种团体保险计划的经验数据，团体保险覆盖所有合格的成员，几乎没有筛选或人工核保。保险金额基于被保雇员或组织成员的工资或职级水平确定。此类保险通常在退休、结束雇佣或终止会员资格时终止。

● 年金保险死亡率表。这些表是根据个人或作为养老金计划参与者购买人寿年金的人的经验编制的，是为年金或养老金业务设计的专用表，强调发行人的长期偿付能力。

在本章中，我们将讨论范围局限在保单贴现市场环境中常见的最新人寿保险死亡率表。

保单贴现市场中的大多数人寿保险公司和从业人员都根据自己的经验和对市场趋势的解读，对基本表进行了一些修改和调整。

选择死亡率和终极死亡率

我们将对讨论的表格内容进行选择（select）和终极（ultimate）分类。

"选择"表示首次核保时签发人寿保单的承保过程。从选择之日起的数年内被保险人的死亡率通常较低。但这种死亡率差异将会逐渐消失，并且最终会与主流经验融合。

同一年龄上相邻已投保年数死亡率差异明显的时期被称为"选择期"。

- SoA 1975～1980 年死亡率表的选择期为 15 年。
- SoA 1990～1995 年死亡率表和 2001 年 VBT 的选择期为 25 年。

应该指出的是，2001 年 VBT 与 SoA 在 1990～1995 年死亡率表的基本数据是相同的。这些数据经过平滑（精算术语）处理，并且在较大年龄段的数据与其他来源的数据混合。一些津贴也为改善 2001 年的基本死亡率提供了帮助。最新迭代的是一个平稳增加的死亡率表，用于计算人寿保险单的基本准备金。

表格的"终极"部分代表了在某个时间点被选定的被保险人的死亡率，但现在与同龄的其他人没什么区别。

男性、女性，吸烟者、不吸烟者

死亡率表按性别和是否吸烟进一步区分。

在相同表格的某些迭代中，会忽略吸烟者/非吸烟者的差异，并合并数据源。这些表称为复合死亡率表或者总死亡率表。

样本死亡率

在最近的 3 张人寿保险表中，选择的 70 岁时男性被保险人的死亡率如表 6.1 所示，以说明各种死亡率表之间的差异。

这些是吸烟者和非吸烟者的综合比率。

表 6.1 样本死亡率

年龄（男性）	期间	SoA 1975～1980 年表 15 年选择期	SoA 1990～1995 年表 25 年选择期	2001 年 VBT 25 年选择期
70	0	0.0083	0.0065	0.0051
70	1	0.0126	0.0102	0.0089
70	2	0.0172	0.0137	0.0121
70	3	0.0224	0.0173	0.0147
70	4	0.0271	0.0201	0.0170
70	5	0.0300	0.0232	0.0220
70	6	0.0345	0.0270	0.0245
70	7	0.0386	0.0309	0.0290
70	8	0.0429	0.0339	0.0338
70	9	0.0470	0.0365	0.0407
70	10	0.0524	0.0429	0.0488
70	11	0.0584	0.0542	0.0580
70	12	0.0670	0.0690	0.0683
70	13	0.0786	0.0842	0.0799
70	14	0.0864	0.0964	0.0934
70	15	0.1267	0.1084	0.1035
70	16	0.1378	0.1209	0.1143
70	17	0.1498	0.1332	0.1260
70	18	0.1626	0.1453	0.1399
70	19	0.1759	0.1571	0.1563
70	20	0.1896	0.1703	0.1712
70	21	0.2037	0.1853	0.1860
70	22	0.2182	0.2033	0.2035
70	23	0.2332	0.2236	0.2204
70	24	0.2486	0.2434	0.2358
70	25	0.2644	0.2598	0.2509

续表

年龄 （男性）	期间	SoA 1975～1980 年表 15 年选择期	SoA 1990～1995 年表 25 年选择期	2001 年 VBT 25 年选择期
70	30	0.3497	0.3261	0.3321
70	35	1.0000	0.5244	0.4393
70	40	1.0000	0.8849	0.5803
70	50	1.0000	1.0000	1.0000

2008 年 VBT 死亡率表

2008 年 3 月，SoA 发布了 2001 年 VBT 死亡率表的更新版本。此版本被称为 2008 年 VBT。美国各家人寿保险公司提供了更多的数据。美国社会保障局（U. S. Social Security Administration）则提供了与老年人有关的数据。预计到 2008 年总体死亡率进展速率为：80 岁以下男性每年提高 1%，从 81 岁至 90 岁每年下降 0.50%，90 岁后降至 0%。女性的改善率只有一半。

选择期从 2001 年 VBT 所有年龄段的 25 年期改为未超过 90 岁人群的 25 年期。88 岁及以上保留了 2 年的最短选择期。

表 6.2 中最高死亡率限制在 0.450，而表 6.1 中为 1.000。

表 6.2   比较死亡率：2001 年与 2008 年的估值基本表

期间	2001 年 VBT 非吸烟者 男 70 岁	2008 年 VBT 非吸烟者 男 70 岁	2001 年 VBT 非吸烟者 女 70 岁	2008 年 VBT 非吸烟者 女 70 岁
1	0.0045	0.0037	0.0034	0.0023
2	0.0079	0.0058	0.0053	0.0038
3	0.0108	0.0079	0.0060	0.0054
4	0.0133	0.0103	0.0072	0.0070
5	0.0155	0.0128	0.0090	0.0088
6	0.0202	0.0155	0.0114	0.0106

续表

期间	2001 年 VBT 非吸烟者 男 70 岁	2008 年 VBT 非吸烟者 男 70 岁	2001 年 VBT 非吸烟者 女 70 岁	2008 年 VBT 非吸烟者 女 70 岁
7	0.0225	0.0185	0.0144	0.0126
8	0.0269	0.0218	0.0180	0.0149
9	0.0315	0.0255	0.0223	0.0174
10	0.0382	0.0295	0.0272	0.0203
11	0.0460	0.0339	0.0327	0.0235
12	0.0549	0.0390	0.0389	0.0271
13	0.0650	0.0446	0.0458	0.0312
14	0.0765	0.0508	0.0521	0.0358
15	0.0898	0.0575	0.0570	0.0408
16	0.1000	0.0675	0.0629	0.0490
17	0.1110	0.0788	0.0693	0.0582
18	0.1229	0.0915	0.0763	0.0684
19	0.1370	0.1059	0.0840	0.0796
20	0.1537	0.1221	0.0923	0.0917
25	0.2338	0.2115	0.1477	0.1470
30	0.3129	0.3070	0.2360	0.2402
35	0.4154	0.4034	0.3680	0.3703
40	0.5489	0.4469	0.5415	0.4402
45	0.7238	0.4500	0.7237	0.4500
50	0.9499	0.4500	0.9378	0.4500

预期寿命：男性不吸烟者——标准死亡率

年龄	2001 年 VBT 年数	2008 年 VBT 年数	年数变化
65	19.7	21.6	1.9
70	16.4	17.7	1.3
75	13.5	14.1	0.6
80	10.4	10.7	0.3
85	7.4	7.4	0.0
90	4.6	5.0	0.4

续表

预期寿命：女性不吸烟者——标准死亡率			
年龄	2001 年 VBT 年数	2008 年 VBT 年数	年数变化
65	22.3	24.0	1.7
70	19.2	19.9	0.7
75	15.8	16.1	0.3
80	12.4	12.5	0.1
85	9.3	8.9	-0.4
90	6.7	6.3	-0.4

2008 年 VBT 死亡率普遍低于 2001 年 VBT，原因是因为大多数年龄段的预期寿命延长。表 6.2 提供了 2001 年 VBT 和 2008 年 VBT 死亡率的比较。

预期寿命

预期寿命应当是确定保单贴现交易价格最重要的信息，而且也最常被误解。从精算角度讲，它被定义为：

$$ex \approx \left[\sum_{t=1}^{\infty} lx + t \right]/lx$$

式中，

ex 代表预期寿命。

lx 代表在 x 岁的寿命年限。

t 是从 x 岁开始的时间，t 是从 1 到无穷大的区间。

简言之——预期寿命是从 x 岁时开始，所有未来生存概率的总和。

另一种概念化的方法是，当大量具有相似年龄和特征的人群中有一半的人数预期达到某一个时点（中位数），这就是预期寿命。严格来说，精算学上的预期寿命是加权平均值，并不一定与预期寿命中位数相同。但在大量数据情况下，预期寿命的平均数和中位数之间会非常接近。

以下是一组 1000 人寿命的概率分布图，所有 70 岁男性非吸烟者的死亡率水平预期为标准 2001 年 VBT 表死亡率的 100%，见图 6.1。

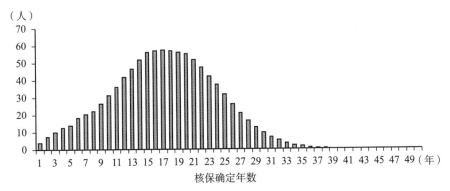

图 6.1 预期死亡人数

预期寿命计算结果为 16. 68 年。预期寿命（life expectancy，LE）提供者（贴现核保人）通常基于客户所提交的医疗信息，对预期寿命进行评估。有些预期寿命提供者可能还会提供相应的死亡概率。

投资者计价

投资者可以参考预期寿命提供者（即贴现核保人）提供的信息，然后选择采用预期寿命或死亡率，并将其应用于他们选择的死亡率表中。

他们通过计算死亡和生存的条件概率来估计未来几年现金流流量的正负。投资者会使用他们选定的折现率，将现金流流量折现到当前时间来计算合同的净报价。

如果他们选择使用给定的预期寿命，那么他们可以计算出和选择的死亡率表相对应的死亡率。如果他们采用预期寿命提供者提供的死亡率，那么他们的模型会产生一个预期寿命的结果，而且可能与贴现核保人提供的预期寿命不同。

这些差异的产生，是由于投资者使用的死亡率表与预期寿命提供者计算过程中嵌入的死亡率表不同，或者投资者对死亡率的观点不同于预期寿命提供者。

大多数投资者将从多个预期寿命提供者处获得预期寿命的评估值。然后，他们可以使用其中的某个值或综合值。

预期寿命估值的差异

即使基于相同病史资料，不同的预期寿命提供者也可能会得出不同的估值。

在选择预期寿命提供者时，投资者应与他们讨论自己的目标，并通过核保人的经验、方法和成功案例获得帮助。

死亡率表的选择

如我们所见，大多数标准死亡率表是不同的。

另外需要注意的是，这些表格是基于人寿保险公司提交的数据为人寿保险行业开发的。一般而言，保险公司一直对健康、年轻的生命个体更感兴趣，而保单贴现市场则主要关注已经具有一定程度疾病的老年人。

对原始数据进行平滑（分级）处理，以生成用于特定目的的表格，例如计算人寿保险费、现金价值等。基于这样的考虑，要求死亡率在年龄和保险期间之间平稳增加。

还有一种观点认为，健康的人群往往会提前终止他们的保险，而不健康的群体往往会更长时间地保留他们的保单。因此，高龄人群的数据相对于标准人群寿命来说，应获得更高权重。某些形式的人寿保险合同的高失效率，将导致高龄人群没有足够的数据来产生可靠的费率。

死亡率通常会发生不同变化，这些变化来源地理区域、社会经济等因素的不同，而这些因素很难确切地量化。

目前，尚未发现最适合保单贴现市场且普遍可用的死亡率表。

死亡率标准

大多数定价测算，是在假设由死亡率比率表示的当前死亡率水平在整个生命周期内保持不变的情况下进行的。

实际上，几乎没有任何医疗条件会无限期地一成不变。它要么有所改善，要么变得更糟，而有能力的核保人在估算预期寿命时会考虑到这一点。

死亡率标准与变异的影响

为了说明死亡率标准与变异对死亡率分布的影响，我们考虑了以下假设情况：

核保人审查了一名 70 岁男性非吸烟者的资料，认为死亡率水平一开始较低，但随着保险期间的增加而增加，先是慢慢增加，然后在以后的几年内迅速增加，寿命预期为 11.6 年。

投资者采用这种寿命预期估计，以 250% 的死亡率标准作为依据，重新得出了相同的寿命预期。

投资者一般都会使用标准的 2001 年 VBT 死亡率表。

这两个假设的概率分布见图 6.2。

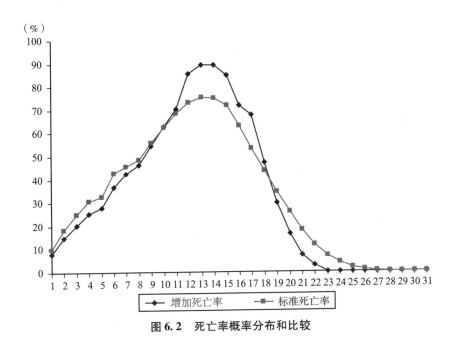

图 6.2 死亡率概率分布和比较

图 6.2 显示，标准死亡率假设的概率分布，在早期的预期死亡人数会较多，中期较少，晚期较多。

可见，即使假设的预期寿命估值是相同的，基于标准假设计算的死亡收益的现值将高于基于增加死亡率假设计算的死亡收益的现值，而这将对预测的回报率产生影响。

风险管理策略

保单贴现交易中固有的各种风险因素具有不可预测性，使得更严格的风险管理成为一种挑战。但这类风险仍然还是可以管控的。随着行业的成熟和更多的数据积累，风险管理工具也将得到改善。投资者应该与预期寿命提供者更紧密地合作，以获得更多可靠的信息用于审视风险。

一个庞大、多元化的大型投资组合可以控制风险传导。应根据预期寿命的长短、保单规模以及健康受损状况等，对投资组合进行多样化匹配。如果集中于少数病种/损伤，投资组合很容易受到新药物发明和新治疗发现的影响，例如艾滋病病毒/艾滋病死亡率呈指数降低的药物效应。而且止损保险产品也正在开发过程中，如果可行的话，这些产品将明显改善风险管理状况，使投资者隔离于因被保险人预期寿命大幅延长的极端情况。

7

人寿保单转换

维沙尔·B. 布扬 （Vishaal B. Bhuyan）

VB 布扬股份有限公司管理合伙人

　　保单转换（swapping paid up life insurance policies）是投资者进入二级寿险市场的另一种方式。与传统的保单贴现类似，这些交易中的交易对象也是老年高净值人群。在过去，只有在保单持有人和保险公司之间才可以进行保单置换，且只有具备现金价值的保单才能进行转换。这些转换基于保单的退保现金价值，为保单持有人提供退保以外的另一种选择。

　　自保单生效以来，利率的下降是保单持有人与保险公司转换保单的主要原因。例如，原合同基于9.00%的利率及12年的缴费期来设计保费，当利率下降时保单持有人就有意愿置换保单。如果6年后利率降至4.5%，保单缴费期延长将是预估时间的两倍。通过保单转换，保单持有人可以大幅减少其保费支出（当然身故保险金也相应减少），而由于利率下降，缴费期也可能会延长。

　　相比退保后再购买新保单，通过保单转换，保单持有人可以将现金账户转入新的保单，而无需为现金账户中的任何收益缴纳所得税。

　　注：在寿险保单转换中，新保单的身故保险金低于原保单的身故保险金。

　　图7.1是保单持有人和保险公司之间保单转换的简要说明。

图 7.1 保单持有人和保险公司之间的保单转换

保单持有人与保险公司置换保单的其他原因如下：

- 保单持有人希望减少保费或完全停止保费缴纳；
- 利率变化；
- 被保险人的健康状况显著改善；
- 保单持有人希望在保费不变的情况下增加保额；
- 保单持有人财务状况发生改变；
- 保险公司变更保费；
- 保单持有人不希望退保，因为退保将使现金账户的收益面临缴税。

然而，随着二级市场的建立，投资者为满足客户的需求，设计了新型的保单转换产品（通过供应商，即保单贴现机构）。新型的保单转换产品提供了额外的灵活性，弥补了保险公司所提供转换产品的不足。供应商清楚客户在人寿保险和遗产规划方面有不同的需求。图 7.2 展示了保单持有人和供应商之间的保单转换。

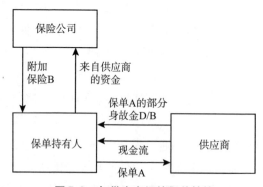

图 7.2 与供应商间的保单转换

与保险公司提供的保单转换相反，这些交易不是基于保单的退保现金价值，而是基于被保险人的预期寿命。这给保单持有人带来了更大的价值。在这种情况下，保单持有人除了从保单贴现机构获得资金外，还保留了原保单（图7.2中的保单 A）的部分身故保险金。该结算金额低于传统保单贴现金额，可用于购买附加寿险（图7.2中的附加保险 B），以便客户保持理想的保障水平。

在与保单贴现机构进行的保单转换交易中，客户无需为保单现金价值账户所产生的任何利润缴纳所得税。

8

保费融资

维沙尔 · B. 布扬 （Vishaal B. Bhuyan）

VB 布扬股份有限公司管理合伙人

保费融资（premium finance）是一种金融交易，债权人为高净值个人提供资金，以供其购买寿险保单或单纯地为现有保单缴纳保费。

保费融资交易中的贷方是专门的保费融资实体、投资银行、对冲基金、保单贴现机构或其组合。保费融资已被广泛用于各种类型的企业、财产和意外伤害保险的商业应用中，而现在它开始成为参与二级寿险市场的方法。

通过对购买人寿保险相关的成本进行融资，高净值个人无需支出大量的现金保费，就能够获得超额的承保能力。保费融资最适合用于财产规划目的，贷款通常由不可撤销的人寿保险信托（irrevocable life insurance trust，ILIT）借入。此外，在利率相对较低的时期，保费融资在经济上最具可行性，因为贷款利息低于资产所赚取的利息。否则，这些资产将被清算，以支付人寿保单的保费。

虽然市场上的保费融资计划存在各种差异，但通常可分为三种主要类型：全部追索权型、无追索权型、有限或部分追索权型。

在全部追索权保费融资模式（full recourse premium financing model）中，贷款以抵押品作为担保，例如保单现金价值、政府债券、存款凭证、现金、具有大额现金价值的非融资人寿保单或大型银行的信用证。在这类型的保费融资计划中，贷方可能要求借款人提供超额抵押品作为担保来覆盖其贷款，超额部分可能高达 50% , 而且借款人的信誉是非常重要的。

在无追索权保费融资模式 (nonrecourse premium financing model) 中, 贷款人将不会对借款人所持有的相关保单现金价值和身故保险金以外的资产提出索赔。无追索权型保费融资的风险是预期寿命, 而不是借款人的信誉。然而, 由于除了保单现金价值组成部分外, 贷款没有任何其他资产作为担保, 所以利率往往高于全部追索权型保费融资。目前可用的其他种类的无追索权型保费融资允许保单持有人仅能为现有人寿保险保单的保费融资, 不能为购买新保单而融资。然而, 由于这些计划可能会诱发 "陌生人保单" (stranger-owned life insurance, STOLI), 因此无追索型保费融资计划在过去几年中受到了严格的审查。无追索权型计划的可用性正在迅速下降。

有限或部分追索权型保费融资 (limited or partial recourse premium financing) 是一种混合计划, 除了保单的身故保险金和现金价值作为抵押品外, 还使用各种类型的资产作为抵押或其他个人进行担保。对于这种交叉担保品的混合计划, 融资利率要低于无追索权型计划, 且贷款人的风险较无追索权型也相对更低。这些计划还遏制了 STOLI 交易的发展, 否则 STOLI 交易将成为保费融资市场的重要组成部分。有限追索权型是现有运用最广泛的保费融资计划。

在所有类型的保费融资中, 借款人有责任在指定到期日或人寿保险单领款时偿还贷款的本金和利息。利息可以年付, 也可以累计到贷款到期时支付。贷款利息可以是固定的, 也可以是基于伦敦银行同业拆借利率 (london inter bank offered rate, LIBOR) 或最优惠利率 (prime rate) 等基准利率的上下浮动利率。

在贷款人要求每年支付利息的情况下, 借款人可以通过购买趸缴保费即付年金 (single premium immediate annuity, SPIA), 以年金收益支付他们已融资的人寿保险保单的利息支出。SPIA 的成本可以通过手头现金或出售不良资产抑或是使用 1035 交易[1]购买年金来获得。这一战略的重要性在于确保借款人有充足资本来支付利息。SPIA 也可以作为对冲工具, SPIA 的购买者将受益于利率上升, 这可以抵消贷款浮动利率上升所带来的负面影响。虽然累计利息计划将利息支付日延长至贷款到期日, 但如果利率大幅上升 (假设贷款存在浮动利率), 则保单的身故保险金与贷款总额之间可能存在差额。见表 8.1 和图 8.1。

表 8.1 保费融资计划

保费融资计划类型	除了保单外的抵押品	违约处置	常用性
完全追索权	债券、信用违约互换、信用证	抵押品查封	不常用
无追索权	无	贷款人购买或在公开市场上出售保单	迅速变得不常用
有限或部分追索权	个人担保或其他资产	保单在公开市场出售和/或抵押品查封	最常用且常用性增加

注：以上是对三大类保费融资计划的大致总结，不同的贷方可能对借款人违约有不同的要求和反应。

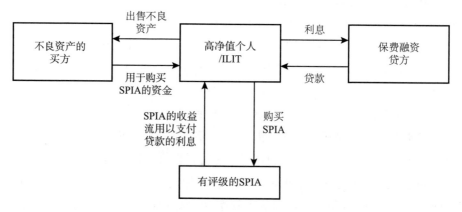

图 8.1　保费融资 SPIA（趸缴保费即付年金）结构

　　虽然市面上有不同类型的保费融资贷款计划，但贷方通常要求借款人符合特定的标准。在大多数情况下，借款人必须购买价值不低于 100 万美元的保单，净资产超过 500 万美元，且根据贷款计划，要求预期寿命少于 20 年。

　　许多贷方还要求融资保单的承保人对融资交易进行核准。这被称为经承保人核准的保费融资（carrier approved premium finance），它可以降低当贷方取得人寿保险单的所有权后，保险公司在到期时扣留身故保险金的风险。

　　市场上有许多不同的经承保人核准的有限和全部追索权的保费融资计划。

　　一个结构设计良好的融资计划具备两大要素，一是有良好的抵押品，二是在借款人违约的情况下，保单能在市场上拍卖出售（而不是贷方购买保单后自持）。

在无追索权或有限追索权模式中，如果贷款违约或没有足额抵押品来匹配贷款，贷方可以出售借款人的保单。在无追索权计划中，许多贷款人与借款人锁定合约，约定借款人必须以低于市值的价格直接向贷款人出售其保单。这不仅会对市场产生负面影响，还会引发监管和道德问题。然而，并非所有计划都以这种方式操作。结构良好的有限追索权计划不会使用保费融资作为获取保单的方法，而且，如果贷方被迫出售保单，它可能只是简单地在公开市场上拍卖保单用以弥补其损失。保险公司和监管机构都允许这种做法。

从贷方的角度来看，有许多不同的方法可以促成保费融资业务。然而，重要的是要记住，在这个市场中可持续的业务是在监管机构和保险公司的支持下才得以运营的。在这些情况下，保险公司很清楚地意识到被其承保的保单被用以融资，而且如果贷款人认为没有足额抵押品或违约的情况下，保单将会在二级市场上出售。

在银行业和保单贴现行业，人寿保险保费融资是一个快速增长的领域。这些贷款为投资者提供无关联性的回报，如果该融资计划结构合理，那么业务风险清晰且相对可量化（如果给定准确的核保）。一旦保单贴现行业的一些监管和承接障碍被克服，保费融资业务将蓬勃发展，特别是在诸如保费融资贷款证券化等领域。即将接受保险二级市场并批准保费融资交易的保险公司可能会增加保险成本，以对冲失效解约率的一些变化。

注释

1　1035 交易是指美国税法规定，允许投资者将一份人寿保险单、储蓄保险或年金保单积累的资金转入另一份，而不会产生纳税义务。必须满足某些准则才能利用 1035 交易条款。例如，只有当替代储蓄保险的到期日不晚于被替换的储蓄保险到期日时，才有资格适用于 1035 交易。

第 2 部分
证券化

　　本部分重点介绍保单贴现资产证券化的基本结构和基本原理，阐述证券化流程和评估策略。

9

保单贴现资产证券化

艾曼纽·莫杜 （Emmanuel Modu）
贝氏公司董事总经理兼结构融资全球主管

证券化概述

保单贴现是保单持有人（通常情况下为被保险人或信托人）出售其保单的行为，贴现金额大于保单退保价值但低于保单保额。贴现保单的购买者将成为人寿保单新的持有人与受益人，负责支付未来的保费，并收取被保险人的身故保险金。下列为出售保险单的一些理由。

- 因投保人开始无力承担保费，保单即将失效；
- 被保险人的遗产计划需求发生重大变化；
- 长期的健康护理需要资金；
- 保单受益人因死亡或离婚而发生改变；
- 处置不需要的关键人员保险（key man insurance）或其他商业保险；
- 为新的年金保险、人寿保险或投资筹资；
- 因破产或财政困难而强制清算，获取所需现金；
- 清算保单捐赠给非营利组织；
- 出于各种其他原因处理不再需要或不想要的保单。

保单贴现市场（life settlement market）是终末期疾病贴现市场（viatical

settlement market）的衍生市场。通常情况下，在终末期保单贴现市场中，那些终末期疾病的保单（预期在 2 年内死亡的被保险人的保单）将会被买卖交易。然而在保单贴现市场，被保险人年龄通常都在 65 岁（含）以上，且因医学损伤导致其预期寿命约为 3 ~ 15 年。

贴现保单通常由保险经纪人和代理商通过持牌的保单贴现机构进行销售。保单贴现机构支付的保单贴现金主要取决于医务官通过评估被保险人的医疗记录后所估计的预期寿命，以及保单具体的合同条款。被保险人的慢性疾病越严重，预期寿命越短，因此支付的贴现金额就越高。

保单贴现证券化的决定因素

保单贴现证券化引起了资本市场的极大兴趣。事实上，许多金融机构投资积累了很多保单贴现投资组合，它们希望将这些资产进行证券化。保单贴现证券化的增长取决于下列各项因素的提升：

• 被保险人的生存预期预测方法的透明性与标准性（包括公开医务官检测医生的业绩数据）；

• 保单贴现定价的透明度；

• 交易中各中间人所获费用的透明度；

• 保单贴现行业为保单持有人的身份、健康状况和财务状况提供安全保障的程度；

• 有效的行业监管政策与自律公约；

• 建立评级机构标准，用于评估与此类交易相关的信用风险；

• 寿险行业支持新举措的步伐加快，为寿险保单的二级市场提供替代选择。

本章概述了贝氏公司（A. M. Best）在评估以保单贴现资产为支持的有价证券时的考虑因素。图 9.1 描述并说明了典型的保单贴现证券化交易中涉及的各参与方。

保单贴现证券化的各参与方

（1）发行人（the issuer）。发行人通常是一个破产风险隔离实体，其设立唯一目的是购买贴现保单，发行以贴现保单为抵押品的有价证券，并持有其他资产（其唯一目的是为证券持有人的利益服务）。

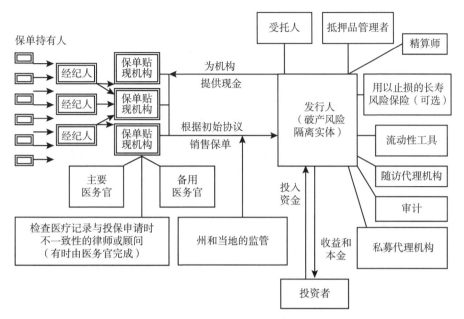

图 9.1　保单贴现资产证券化的各参与方

发行人的责任在交易合同中概述。

（2）保单贴现机构（the providers）。保单贴现机构是有经营许可证的实体，它们直接从卖方、有执照的经纪人、被授权可为卖方代办的代理商处购买保单。它们负责确保所有与交易相关的文件及销售文件包，既符合所在州或联邦的法律法规，又符合有关消费者保护、保险、保单贴现实践与流程等相关的监管要求。保单贴现机构根据协议向发行人提供保单。

（3）医务官（medical examiners）。医务官对希望出售其保单的被保险人的医疗记录和死亡率情况进行全面审查。医务官负责提供死亡率的情况，包括相关医疗状况的总结以及预期寿命的判断。发行人要求保单贴现机构至少聘请两名独立的医务官来评估被保险人的预期寿命。

（4）不一致性审核顾问（adviser for inconsistency）。该顾问对"不一致性"进行审核，以验证医疗记录是否与投保申请一致。医务官有时也会提供这项服务。

（5）抵押品管理人（collateral manager）。抵押品管理人负责选择交易中的标的保单。该管理人的具体职责包括：确保保单满足纳入投资组合的合格标准；使保单投资最优化，即最小化保费支出，并最大化身故保险金；向受托人递送销售文件包；必要时负责保单清算；在发生流动性危机时，决策应该将哪些保单作退保处理；在流动性危机时，通过决策可接受的收入降低幅度（即身故保险金的降低幅度），来减少保费的支出。

（6）随访代理机构（tracking agent）。随访代理机构负责联系被保险人或其代理人，以核实被保险人当前的生存状况。随访代理机构通常使用类似于消费贷款中使用的方法，例如访问被保险人的婚姻状况、住所和医生就诊记录的数据库，以及与死者信息库内的社会安全号码进行匹配。此外，随访代理机构还负责获取死亡证明副本（有时履行向保险公司申请死亡理赔的职能），以便于尽快领取身故保险金。

（7）受托人（trustee）。受托人应履行交易合同约定的职责。该职责一般包括：①受托人负责持有债券或证券，并维护证券持有人的利益；②持有发行人对其资产所授予的抵押品；③根据合同约定履行支付义务和其他义务；④管理与每张贴现保单有关的所有交付给发行人的文件；⑤负责记录人寿保险单收购与资金收付情况；⑥在抵押品管理人的指示下，提交人寿保单项下的理赔申请。

（8）精算师（actuaries）。精算师在帮助确定适当的死亡率表方面起到很重要的作用。首先，精算师需要评估医务官所提供的死亡或生存时间表的合理性；其次，执行医务官提出的核保意见；最后，帮助发行人确定贴现保单的清算价值。

（9）保险公司（insurance companies）。在交易中签发人寿保险单的保险公司是至关重要的，因为保单所有权的转让情况必须告知保险公司，它们可以提供所有保单的情况说明，这对保单最优化很有帮助，并且它们负责向发行人通知保单有关事项，以及向发行人给付身故保险金。

（10）律师（attorneys）。律师负责确保所有交易相关文件都是完整的，且符合所在州的保险法规规定，并且确保维护保险利益的完整性原则。他们还可以提供信息保证书，来确认保单贴现机构已获得所在州的经营许可，并且他们可以协助制作医疗信息披露表格以遵守适用的隐私法律。此外，律师应确保证券发行人已经设立了破产风险隔离实体，从而使证券持有人的资产获得有效的保护。

（11）会计师/审计师（accountants/auditors）。会计师可以提供以下方面的意见：①根据所在州的相关制度，确认破产风险隔离实体的收入与支出；②该实体在购买贴现保单时的税务影响（如有）；③与处置贴现保单的有关特殊税务处理；④确定可能适用于该实体的税收扣缴政策。审计师定期审核破产风险隔离实体的资产负债表和损益表的完整性，提出专业意见。

下面重点阐述保单贴现组合证券化过程中，贝氏公司的评级策略和实务操作。

贝氏评估策略

保单贴现证券化的评级，包括针对首次贴现组合的评级和针对存量贴现组合的评级。

基于首次贴现的保单贴现组合的评级

为保单贴现资产证券化，在购买首次贴现保单时，存在着诸多不确定因素：①保单持有人（卖方）对被保险人的保障程度；②保单贴现的价格；③被保险人的生存预期；④保单贴现资产数量能否满足交易要求；⑤保单贴现交易中的参与方是否符合法律和监管规定；⑥以及可能使建立合适的保单贴现组合面临挑战的其他因素。

由于这些不确定性因素，贝氏公司提出了三种保单贴现资产支持证券的评估类型：①初步评估；②指示性评级；③长期债务评级（债务评级）。根据下述的内容，这些分析方法表明交易的确定性等级得到了提升。

（1）初步评估（preliminary assessment）。对在特定期限内购买的保单贴现投资组合所支持的证券，进行初步评估。由于证券和保单贴现投资组合尚未存在，只有当发行人（在交易中发行证券的破产风险隔离实体）向贝氏公司表明其最终有意获取债务评级时，才会给予初步评估。该评估应基于现有保单贴现质押品为支持的证券。要获得初步评估资格，交易中所有主要因素都必须详细说明，例如：

- 保单贴现机构；

- 保单积累的时期；
- 拟发行证券的特征；
- 交易购入的每张贴现保单的特征；
- 储备量和/或流动性机制（如有）；
- 止损条款（如有）；
- 交易的法定到期日；
- 交易的"瀑布式"；
- 超额抵押或交易中预设的债务偿还能力触发器（如有）；
- 交易风险投资协议；
- 其他重要参数和要求。

初步评估报告仅在首次出具时有效，它不会被更新（除非发行人明确要求需要更新）。公司将通过私密信件与发行人进行沟通。

（2）指示性评级（indicative rating）。在以保单贴现资产为支持的证券化背景下，指示性评级只适用于发行人已购买了至少80%的目标贴现保单的情况。指示性评级是一种公共评级，反映了所购贴现保单的特定属性，旨在完全提升保单贴现投资组合的产品质量。即使交易尚未全部完成，也会对证券进行指示性评级，以便于投资者了解证券的当前信用质量。贝氏公司要求发行人聘请的律师提交合同草稿或提供备忘录。此外，交易的所有基本要素必须到位，例如：

- 保单贴现机构；
- 随访代理机构；
- 抵押品管理人；
- 发行证券的特征；
- 已获得的贴现保单的特征，以及为完成质量提升而购入的保单的特征和预期时间；
- 用以发行证券的破产风险隔离实体的结构；
- 两名指定的医务官；
- 医务官的核保意见和分析过程；
- 保单贴现的实际和预计价格；
- 实际和预计的生存预期；

- 实际和预计的保费；
- 储备量和/或流动性机制（如有）；
- 交易的"瀑布式"；
- 止损条款（如有）；
- 超额抵押或交易中预设的债务偿还能力触发器（如有）；
- 所有法律文件（至少以草稿形式）；
- 其他重要参数和要求。

（3）长期债务评级（long-term debt rating/debt rating）。如果发行人需要进行债务评级，必须已 100% 获得交易中所需要的贴现保单，并满足指示性评级所列出的所有条件。如果已经对证券进行了指示性评级，则在完成所有法律文件的修订和最终确定后，该评级将被债务评级所取代。债务评级是公开评级的一种。

在债务评级之前，发行人无需进行初步评估或指示性评级。例如，已经累积或购买了保单贴现组合的发行人，可以直接进行债务评级而无需先进行初步评估或指示性评级。

基于存量的保单贴现组合的评级

贝氏公司通常倾向于对首次贴现的保单贴现资产支持证券进行评级，保单积累的时期在 12～18 个月或更短。事实上，这种方法关注的是这些新产生的（home-grown）保单贴现投资组合。然而，贝氏公司意识到，在机构投资者或保单贴现机构想要清算他们所持有的保单贴现资产时，将会出售这些现有的保单贴现投资组合。获得存量的投资组合消除了首次贴现交易中所需要的漫长积累期，并可能减少与在一段时间内陆续购买贴现保单相关的一些不确定因素。当然，存量投资组合的买方，承担着由原投资组合带来的承继风险，主要包括原投资组合的产生方式所带来的法律风险和监管风险。

在某些情况下，贝氏公司可以决定是否根据各种因素对这类以存量投资组合为抵押品的资产证券进行评级，包括（但不限于）：

- 原保单贴现的资格标准；
- 使用过的医务官以及对投资组合中任一/所有的生存预期的有效性；

- 医务官确定投资组合中个体生存预期的时间；
- 将投资组合合法转让给发行人的便利性；
- 交易过程监测所需数据的可用性（如本章最后一节所述）；
- 经证实过的投资组合的历史死亡率；
- 证明交易遵守保险利益原则的法律意见书的有效性。

贝氏公司的评级流程

评估保单贴现资产支持证券

贝氏公司结构融资组负责评估由贴现保单为抵押品的证券。由信誉良好的医务官所提供的被保险人死亡率概况，将被用于模拟整个保单贴现组合到期时的情况。此外，保险公司减值的概率和假设复原的概率也被应用于交易中。以上这些因素，连同每张保单的贴现价格、每张保单的保费以及在被保险人的寿命超过预期的情况下预计的增加保费（如有），都会在证券所产生的现金流计算中被考虑进去。贝氏分析的最终结果是要确定证券的违约概率，它与一个理想化的违约概率矩阵相关。将以上流程与满足各种压力场景和定性考虑相结合，有助于贝氏基于信用市场规模来建立证券的信用评级。

评级考虑因素和要求

被允许的保单类型/保单条件

保单贴现资产支持证券的发行人可以购买保单贴现交易中最为常见的人寿保险，例如：万能寿险、变额万能寿险、终身寿险、定期寿险、联合生存寿险（joint survivorship life policies）、团体保单（group policies）。贝氏还允许定期保单在没有新的医疗评估且没有新的可抗辩性或自杀条款的情况下，可转换或可置换为终身保险。转换或置换时预期的最高保费增幅必须要披露。只有当保单的期限至少是被保险人预期寿命的 2.5 倍时，才允许在交易中使用既不可转换也不可置换的定期保单。但是，保单池中定期保单的数量限制为 10%，且池中定期保单的合计面值限制为 10%。由于团体保单受到雇主、工会或协会破产风险的制约，贝氏仅允许可转换的团体保单进入抵押品池中。

在保单贴现资产证券化中，与保单特征相关的一般规则是：

- 只允许美国保险公司对美国居民承保的保单；
- 保单转让给另一方不应受到限制；
- 不允许身故保险金会降低的保单；
- 通常不允许购买保单的部分份额；
- 要求确认该保单有效且不在宽限期内；
- 除了未支付当前保费外，被保险人死亡后的全额身故保险金或现金价值的给付没有任何限制条件；
- 要求确认一次性保险金支付不受其他因素阻碍；
- 要求核实该保单不受任何其他方的阻碍；
- 要求核实该保单没有未偿还债务。

服务提供商

保单贴现证券化过程的服务商，包括医务官、保单贴现机构（供应商）、律师、随访代理机构、抵押品管理人、备用服务商、审计人和交易员等，下面将对贝氏的评级策略和实务操作分别进行阐述。

1. 医务官。

（1）死亡率评级与预期寿命估计。医务官通过使用由再保险公司开发的数字评级系统来确定个人死亡率与标准风险的差异。一般而言，标准风险的值为100%，代表风险单位。系统给寿命赋予评点值，其中增加评点代表存在该影响因素的被保险人死亡率风险超过标准风险，而减少评点代表存在该影响因素的被保险人死亡率低于标准风险。

例如，某人可能患有冠心病将被指定为增加150%评点，如果该人已经进行了心脏搭桥手术来治疗疾病，他/她可减少25%评点。当二者综合时，该人的净增加评点为125%。如果标准风险的评点面额额定值为100%，则相对于标准风险，该人的风险值将评定为225%。这可以解释为这个人死亡的概率比标准风险高出125%，即标准风险的225%。医务官必须承担的重要任务之一是确定标准风险的构成，因为死亡率等级是死亡概率的相对量度，而不是绝对量度。作者布拉肯里奇（Brackenridge）、克罗克森（Croxson）和麦肯齐（Mackenzie）在《布拉肯里奇对寿命风险的医学选择》（*Brackenridge's Medical Selection of Life Risks*）第五版一书中简明地写道：

> 对次标准体的核保采用相应的死亡率来判断其风险。简单地说，那些次标准体的死亡率肯定高于其他不是这种情况的人。为了知道预期死亡率，必须提供参考死亡率的经验值。

标准风险等级应该代表风险组合，包括低于标准的风险以及高于标准的风险，而不仅仅是健康个体的风险，这与医务官的判断无关。为了对多数人进行寿命预测，医学核保人将死亡率评级作为标准死亡率，也称为前一段中的"参考死亡率"。因为每个医学核保人都使用自己的死亡率表，并且针对疾病、生活方式和死亡率的改善，有自己的方法来确定评点的增减，所以很难得出被保险人的死亡率曲线，除非知道医务官所使用的具体标准表。由于这个原因，从医务官那里获得被保险人死亡率的同时，也应该得到推算预期寿命相应的标准死亡率表；否则，就分析死亡风险的目的而言，数据是不完整的。大多数医务官目前使用 2001 版 VBT 的某些版本作为标准，保单贴现行业认为这个结论并非是完全错误的。应当指出的是，贝氏认可了在合格的精算师的帮助下创建的标准死亡率表，尤其是那些熟悉老龄人口死亡率模型的精算师。

医务官可以提供以下部分或全部信息：①风险评点的增减是在哪个标准死亡率表基础上加以应用的；②医务官根据基本死亡率表得出每个被保险人寿命预期值的死亡率等级（100% + 增或减的评点）；③每个被保险人的寿命预期值（包括联合生存寿险的第二生命的寿命预期值）；④每个被保险人的死亡率或生存时间表（鉴于医学损伤）；⑤每个被保险人的主要疾病类别（如果已确诊）；⑥医务官对寿命预期的历史准确性验证报告（即实际结果与预期结果的对比）。

主要疾病是指所有医学损伤中被减值最大比重的疾病/损伤，占评点增项的 50% 或更多。如果没有单一损伤减值占评点增项的 50% 以上，则疾病类别应归类为"多类"。对疾病进行分类将有助于确保交易中疾病的多样性。医务官可以使用表 9.1 中的分组表对疾病进行分类。

表 9.1	疾病多样性	
疾病或类别	举例	最大限制（%）
心血管疾病	冠状动脉疾病、心律失常、其他（如心脏瓣膜病）	50
脑血管疾病	中风、颈动脉疾病、短暂性脑缺血发作	20
痴呆	阿尔茨海默病、多发性梗死	20
恶性肿瘤	肺癌、前列腺癌、乳腺癌、血液系统恶性肿瘤、所有其他癌症	25
糖尿病		10
呼吸道疾病	肺气肿、哮喘、睡眠呼吸暂停综合征、慢性阻塞性肺疾病	20
神经系统疾病（不包括阿尔茨海默病）	帕金森病、卢格里格病（ALS）	15
其他	肾功能衰竭、周围血管疾病等	20
没有疾病		100
多类疾病		40
HIV/艾滋病		0

对于投资者而言，评估保单贴现的两个最重要的因素是长寿风险以及医务官系统性误判生存期的可能性。

贝氏公司观察了大约五年前积累的保单贴现投资组合，发现到期（死亡）与最初形成投资组合时医务官给出的意见存在不一致的现象。贝氏公司还观察到，自 2005 年 9 月对该方法进行更新以来，医务官给出的生存预期更为保守了。例如，在早期的方法中，约 73% 的个体预期寿命小于或等于 144 个月。目前，少于或等于 144 个月的寿命预期占比已缩小至 51%。这可能反映了医务官更为保守的评估方法，或可能是因为相较以前，医务官给越来越多的更健康的人做寿命预测的缘故。

表 9.2 显示了贝氏公司在过去一年中所观察到的 65 岁及以上人群的预期寿命的典型分布。该表显示，10.7% 个体的预期寿命在 72～96 个月之间，只有 18.4% 个体的预期寿命小于或等于 96 个月。该表非常重要，因为它表明，

一些投资者在保单贴现中寻求的令人垂涎的低预期寿命的个体并不常见。

表9.2 　　　　　　　**65 岁以上人群预期寿命（月）的典型分布**

预期寿命（月）		分布频率（%）	累计概率（%）
	≤24	0.3	0.3
>24	≤48	1.8	2.1
>48	≤72	5.6	7.7
>72	≤96	10.7	18.4
>96	≤120	15.9	34.3
>120	≤144	16.7	51.1
>144	≤168	16.9	67.9
>168	≤192	14.5	82.4
>192	≤216	9.6	92.0
>216	≤240	5.0	97.0
>240	≤264	2.2	99.2
>288		0.8	100.0

　　通过观察一个75 岁的非吸烟男性的预期寿命，来进一步说明为什么预计生存期为短期的供应量是有限的。因为这个示例在保单贴现资产池中属于典型剖面。

　　图9.2 显示了基于2001 年 VBT 中应用的各种死亡率等级的75 岁人群的预期寿命。

　　被评估的被保险人基于表格建立的标准模式而死亡，则应用2001 年 VBT 的死亡率等级为100%。200%的死亡率等级表明，被保险人的死亡率是2001 年 VBT 确定的标准模式的两倍，依此类推。因此，死亡率等级通常表明被保险人疾病的相应严重程度。如图9.2 所示，一名75 岁非吸烟男性的正常（未受损）预期寿命（基于100%死亡率）约为14 年。针对该年龄段、性别和吸烟状况对寿命的影响，医务官通常将死亡率等级设定在150% ~300% 之间，这意味着预期寿命在8.7 ~11.8 年之间。为了使这种类型的个体达到约7 年或更短的预期寿命，该死亡率等级需要在460%或更高，这个死亡率对于上述特征的个体来说是十分少见的。

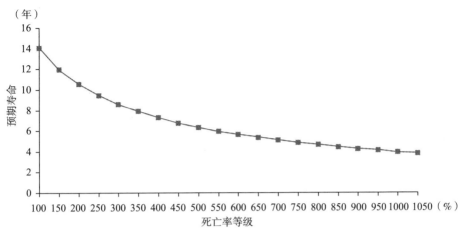

图 9.2　预期寿命与死亡率等级的函数（基于 75 岁的非吸烟男性）

一般来说，虽然医务官给出的寿命预期较以往来说都更高了，但根据贝氏公司评估的数据显示，各医务官针对同一个体发布的预期寿命仍然存在重大差异。贝氏公司比较了过去一年中三位权威医务官对 909 人的寿命预期。年龄介于 75～79 岁之间，男女构成分别为 66% 和 34%，是保单贴现资产池中发现的典型的年龄与性别分布。在计算了三位医务官给出的平均预期寿命后，得出任意两名医务官发布的平均预期寿命差异最大值为 24 个月，最小的差异是 8 个月。

预期寿命的差异通常意味着不同的保单价格。在价格计算中使用的医务官不同，保单的价格也会不同。预期寿命越低，保单价格越高。在保单稀缺、竞争激烈的市场中，一些代表最终投资者购买保单的中介机构，可能有动机采用较低的预期寿命用于定价，因为这样可以使它们有更好的机会赢得保单竞标，并能达到客户设置的内部收益率（internal rate of return，IRR）阈值。

预期寿命不利发展的结果，对于保单贴现投资组合的内部收益率的影响可能是巨大的。表 9.3 显示了约有 150 份保单的实际投资组合的内部收益率，其保费优化后等于保险成本。内部收益率的计算仅包括了购买投资组合的成本、保费支出和身故保险金。该表还显示了预期寿命增加 3～36 个月时相对应的内部收益率。当总生存期比预期超出 24 个月时，内部收益率从 12.4%下降到 6.5%，降低了近一半。当然，预期寿命和内部收益率之间的关系，会随着许多因素的变化而变化，例如原投资组合的预期寿命、保费计划和投资组合的成本。然而，随着预期寿命的增加，内部收益率呈现显著降低的趋势。一般来说，这种情况在各保单贴现投资组合中都是一致的。

表9.3　　　　　　　　预期寿命增长值对内部收益率的影响效果

预期寿命增长值（月）	内部收益率（%）
0	12.4
3	11.6
6	10.7
9	10.0
12	9.2
15	8.5
18	7.8
21	7.1
24	6.5
27	5.9
30	5.3
33	4.7
36	4.3

为了降低医务官在判断预期寿命方面发生系统性错误的风险，贝氏公司通常要求两名独立的医务官根据从主管医师处获得的医疗记录，对抵押品池中被保险人的健康状况进行评估。当然，这只有在发行人寻求指示性评级或债务评级时才适用，而不适用于初步评估。

贝氏公司主要使用预期寿命的数学定义，即保单贴现资产池中寿命/现金流的加权平均到期时间。

贝氏公司的经验表明，通常由信誉良好的医务官做出的死亡率等级很少超过其基本死亡率表的500%，并且死亡率等级通常随着年龄的增长而降低。贝氏公司认识到，在传统寿险核保不适用的情况下，或者在特定时期内需要使用额外死亡率的情况下（"单位额外死亡率"，flat extras），死亡率可能会超过500%的阈值。然而，除非投资组合的积累期为数年，否则发行人无法找到足够的保单供给，使其保单贴现投资组合中拥有数量众多的同类保单。因此，贝氏公司把保单贴现池中的所有寿险保单的死亡率等级上限设置为500%，除非发布死亡率等级或预期寿命表的医务官能准确地显示出是如何将风险评点应用于其标准死亡率表而得出的寿命预期值，还需要让第三位医务官或医师专家来证实死亡率或预期寿命。

如果发行人决定不通过医务官来对保单贴现资产池中的被保险人做寿命预估，贝氏公司将假设预期寿命与从标准死亡率表中得出的预期寿命相同，例如2001年VBT（或任何其他表格，如2008年VBT，此表应适用于保单贴现），并将该死亡率等级用于建模。

（2）医务官的核保评估。如果发行人正在寻求债务评级，应聘请具有保单贴现市场专业知识的独立精算公司或独立咨询顾问，对医务官用于确定预期寿命的过程和程序进行审核或审查。贝氏公司希望发行人的代表和医务官充分讨论有关医务官的核保操作并回答相关问题，具体包括：

- 核保理念及方法；
- 医师/核保人的背景和执业资格；
- 用于确定预期寿命估计值的标准死亡率表；
- 对员工进行内部培训和持续培训；
- 自我审计程序（内部审计）；
- 外部/独立审计频率；
- 医务官效能的自我评估程度（即内部数据库的经验研究结果）；
- 档案保管和流程；
- 原始资料，例如再保险手册和特定疾病的临床研究；
- 原始资料/再保险手册更新的范围和频率；
- 医务官使用的方法学，在最近的变化以及发生变化的原因；
- 精算公司或咨询顾问将对医务官进行效能评估，并对评估文件进行比较分析，选择的文件数量应对医务官核保指南形成有见地的意见。

发行人和医务官应准备回答的问题包括：

- 对使用的标准死亡率表进行调整的一般性质是什么？
- 是否使用单位额外死亡率？如果是，针对哪些疾病？

- 评点增加是否总是做加法？对于合并症，如何衡量评点？
- 在什么情况下放弃死亡率表，并采用其他方法估算预期寿命？
- 预期寿命数据是否考虑了死亡率的改善？
- 在使用死亡率表时，使用"相近年龄"（age near）还是"上限年龄"（age last）作为分析的适用年龄？
- 预期寿命的最高和最低年龄是多少？
- 发布的最高和最低死亡率等级是多少？
- 医疗记录寿命的最大值是多少？（例如，如果医疗记录评估寿命为15个月，是否还需进行预期寿命评估？）
- 采用过往的医疗记录，是否根据医疗记录的创建时间和医务官评估时间之间的期间调整了预期寿命？
- 是否提供了生存计划（survivorship schedule）？
- 医务官是否对联合生存寿险提供预期寿命计算？

2. 保单贴现机构。

保单贴现机构从卖方、执业经纪人或授权代理商处购买保单。保单贴现的交易是通过抵押品管理人认可的持牌保单贴现机构进行的。在保单贴现资产证券化的情况下，保单贴现机构根据发行人和保单贴现机构之间的初始协议为发行人购买保单。贝氏公司要求发行人与保单贴现机构之间的购买协议，需符合所在州有关保单贴现和保单贴现融资交易的保险法律与法规。

发行人必须确定在交易中计划使用的保单贴现机构。贝氏公司对保单贴现机构的评价取决于以下因素：

- 保单贴现机构获许经营的各个州（在需要许可的州）；
- 保单贴现机构与其保单提供者、经纪人之间的伙伴关系；
- 保单贴现机构之前为机构投资者提供的保单购买经验；
- 保单贴现机构的历史保单收购速度；
- 保单贴现机构用于处理与保单贴现相关的运营管理和合规的基础架构体系；
- 保单贴现机构的任何重大未决法律事宜；
- 其他可能会影响贝氏对此交易评价的因素。

如果保单贴现机构除了作为发行人的保单供应角色外，在交易中享有任何其他持续的经济利益，贝氏公司也要求完全披露。

请注意，贝氏公司主张不应该完全依赖保单贴现机构来选择保单。保单贴现机构可以向发行人的代表（例如交易的抵押品管理人）推荐保单，但发行人应该是交易组合中配置保单的最终决定者。发行人向保单贴现机构提供购买保单的标准清单，是取消保单贴现机构对交易中所购保单绝对决定权的一种方法；还可以告诉保单贴现机构将在交易中使用哪些医务官；并且让抵押品管理人将每份贴现保单录入到指定的定价模型，以确定保单的回报率。

引起保单贴现市场观察者关注的一个问题是，被保险人在二级市场出售其保单所需支付的交易成本。

交易成本包括销售中涉及的保单贴现机构、经纪人和保险代理人的费用。贝氏公司的分析表明，典型的交易成本可高达支付给被保险人的贴现价格的50%～100%。因此，一张向被保险人支付了15%的票面价值的贴现保单最终可能会以约23%～30%的票面价值卖给投资者。虽然支付给被保险人的钱仍然可能高于他/她将保单退保给保险公司所能收到的退保金，但被保险人应该知晓他/她在二级市场上出售保单所产生的相关交易成本。贝氏公司认为，保单贴现交易领域的最佳实践要求有效保单的卖方应充分了解支付给交易中的中介机构的各种费用。

3. 律师。

律师主要对保险利益、经营许可要求和销售文件包进行审核。

人寿保险中最基本的概念之一是保险利益。保险利益原则规定，一般而言，保单的受益人必须与被保险人有血缘关系或法律关系，必须在被保险人的生命、健康或人身安全上持续享有经济利益。例如，保险利益原则使个人可以为其父母或商业伙伴购买保险单。

在特殊情况下，如果一个人为自己的生命投保并支付保险费，则此人被认为对自己的生命具有无限的保险利益，因此可以指定任何人作为该保险的受益人。受益人不需要与被保险人有任何特定的关系。当保单持有人不是被保险人时，受益人必须是对被保险人生命享有保险利益的个人或实体。贝氏公司要求律师审查每张保单，以确保其最终通过保险利益检验。

一般而言，在保单贴现机构向保单的卖方（通常是被保险人）提出购买要约之后，会起草销售文件资料包。通过此文件包，发行人将签订合同，从卖方购买贴现保单中的所有权、权力和权益。销售文件资料包必须完整，并且必须符合所在州的所有适用保险法律法规要求。

贝氏公司要求律师审查以下项目：

● 销售文件资料包（适用于每个被保险人）的完整性，并符合有关人寿保险收购的现有法规；

● 保单贴现机构需要经营许可进行交易的州（对于需要此类许可的州）以及这些州的保单贴现相关的法律法规；

● 与保单贴现机构相关的任何突出的重大法律问题。

4. 随访代理机构。

保单贴现资产支持证券的现金流取决于抵押品池中保单所签发的保险公司支付身故保险金的情况（即保单的终止日）。及时收取这些身故保险金，就需要发行人雇用独立的随访代理机构来追踪被保险人的生存情况。

随访代理机构的具体角色（应在发行人和随访代理机构之间的协议中约定）如下：

● 准备被保险人的随访报告，包括上次联系的地址和日期，至少每季度提供给发行人一次；

● 维持与被保险人或其他个人的联系日志，这些联系人的地址和电话号码记录以及联系结果；

● 根据发行人的要求，提供缴纳保费所需资金数额的报告；

● 向每家保险公司提交所有必要的文件，包括保费豁免、保单转换和支付身故保险金所需的文件。

贝氏公司将评估在交易中使用的随访代理机构，以确定它们是否具有随访大型资产池的经验，以及它们是否具有执行此类功能的技术资源。如果发行人认为它们（或它们的保单贴现机构）可以在不使用专业随访代理机构即可随访被保险人，发行人必须向贝氏公司证明它们具有相关随访的经验、有执行此类任务的软件系统，以及提供上述所列信息的能力。

5. 抵押品管理人。

贝氏公司希望发行人与抵押品管理人签订抵押品管理协议，或证明抵押品管理人的履职能力。保单贴现证券化中抵押品管理人的职责包括：

- 管理保单贴现的遴选和收购（通过认可的保单贴现机构）；
- 优化保单贴现组合；
- 确定适当的保费储备金；
- 确定是否聘请止损保险公司或为交易获得流动性融资；
- 将现金结余投资到获准的、高质量的、短期投资工具；
- 为保单贴现组合制订清算计划；
- 确定保单贴现组合的清算价值；
- 根据新的信息或新的医学发展情况更新交易中使用的死亡率表；
- 确定在持续的流动性危机中应该进行退保处理的保单；
- 履行维护交易中证券持有人利益的其他职责。

贝氏公司在评估抵押品管理人时考虑的因素如下：

- 保单贴现投资和投资组合优化方面的经验；
- 保单特性相关的知识或有丰富经验的咨询顾问；
- 员工或咨询顾问的保险精算经验；
- 支持抵押品管理事项所需的人员配置与资源；
- 拥有能创建选择/管理保单贴现投资组合的财务模型所需的量化技术，

以及确定哪些保单要转让、退保或修改（如有）；

- 履行职责所必需的体系和基础设施。

6. 备用服务商。

备用服务商在保单贴现交易中非常重要，因为该行业正处于发展阶段，服务商通常是小型且未评级的组织。贝氏公司建议发行人寻找备用随访代理机构和抵押品管理人（可能也执行保单管理和优化）。

贝氏公司建议使用有效的备用随访代理机构，该代理机构将定期（至少每半年一次）从主要随访代理机构处接收有关其正在随访的被保险人生存状况以及最新联系信息。备用随访代理机构应该具有适当的电子系统来接收主随访代理机构发送的数据，并且应该能够按照贝氏公司的要求准备关于随访活动的报告。

备用抵押品管理人应满足本章前面所述的相同要求，并具有抵押品管理人应具备的相同专业知识和经验。

7. 审计人。

公共会计师在监督发行保单贴现资产支持证券的破产风险隔离实体的活动方面发挥着重要作用。审计人通常是注册会计师事务所，会计师协助评估和识别《一般公认会计原则》（*Generally Accepted Accounting Principles，GAAP*）内部控制和报告相关的问题。此外，他们还进行特定的年终审计，以对破产风险隔离实体的合并财务报表提出意见。贝氏公司要求注册会计师事务所提供以下服务：

- 对发行人的账簿和记录（即破产风险隔离实体）进行审计。
- 发布年度报告以对破产风险隔离实体发布的合并财务报表提供意见。
- 对法人实体的现金收入和支出进行内部审查。
- 就《一般公认会计原则》的合并要求向破产风险隔离实体的所有者提出意见。

8. 交易员。

保单贴现证券交易的交易员应明确界定其在交易中的经济利益。此外，对于不是大型金融机构附属机构的交易员，贝氏公司希望获得他们的背景，包括他们以前的职业和保单贴现的相关经验。

保单有效期/保单正确转让

任何与抵押品相关的保单在发行人购买之前必须生效 24 个月（含）以上。如果增加新的可抗辩条款或自杀条款，则转换后的保单被认为是新的保单。发行人有责任确保其保单贴现机构跟踪被保险人的保单有效期。

此外，还应设立额外的制衡机制，以确保将保单恰当地转移到破产风险隔离机构，并确保保单权益不会受到亲属、前配偶或其他人的干预。

医疗记录

1. 最新的医务官报告。

如前所述，所有保单贴现的文件中必须附有两名医务官基于手中最新病例出具的报告。最初的医务官报告通常是在被保险人与医生进行的最后一次医疗诊治后的几个月内完成的。贝氏公司建议，如果医务官第一次报告出具日和池内保单购买日之间的间隔超过 12 个月，则需要提交新的医务官报告。

如果医务官出具的寿命评估报告是"过时的"（换句话说，超过 12 个月），在本章最后描述的压力情景中，贝氏公司将对所讨论的被保险人的死亡率或预期寿命施加稍高的压力。

获得被保险人的最新医疗记录是一个潜在的问题，因为联邦和州的隐私法限制了对此类记录的长期访问。《联邦医疗记录隐私法》（*The Federal Medical-record Confidentiality Law*），即 1996 年《健康保险携带和责任法案》（*The Health Insurance Portability and Accountability Act of* 1996，HIPAA），规定了获得被保险人医疗记录授权的最低联邦标准，还必须遵守国家隐私法，这些法律有时可能比 HIPAA 更具限制性。

2. 医疗记录授权表格。

在获取证券化的保单贴现抵押品时，由发行人确保被保险人所签署的医疗记录授权范围足够宽泛，以允许发行人在至少 12 个月期间或适用法律允许的最长期限内持续获取最新的医疗记录。这意味着发行人必须确保医疗授权表格符合 HIPAA 的隐私要求。或者，发行人可能必须寻求其他获取医疗记录的方法，例如，使用有限医疗保健授权书或向被保险人提供激励，以获得更新的医疗记录。

贝氏公司建议发行人咨询法律顾问，获取他们可使用方法的建议，以确保在保单贴现池必须清算时，根据 HIPAA 的要求，可以在投资组合的整个生命周期内获得医疗记录。就实际情况而言，一旦支付了保费，即使买方持有有限医疗保健授权书，寿险保单的买方也不太可能持续获得被保险人的医疗记录。首先，随着时间的推移，被保险人可能会搬迁并使用新的医生服务，新医生可能不愿意遵守提供医疗记录的请求。其次，被保险人没有动力向保单的买方提供其医疗记录，即使有可强制执行的有限医疗保健授权书，也可能无法通过法律手段强制获取记录。

3. 一致性审查。

贝氏公司建议审查每张保单的原始投保申请与医疗记录之间的一致性。这种一致性审查通常可由医务官或熟悉医疗记录审查的其他人员执行。贝氏公司也可以聘请外部咨询顾问进行一致性审查。

多样性

保单贴现投资证券的多样化表现在：①组合中被保险人罹患疾病的多样化；②签发保单的保险公司多样化；③投资组合中拥有足够量的保单。

1. 疾病构成的多样性。

多样性是确定保单贴现交易的抵押品池构成的重要因素。一般而言，保单贴现组合中，被保险人之间的相关性表现为：当发现了某种疾病的治愈方法后，患有该疾病的两个或更多被保险人的预期寿命会同时增加。因此，不可能仅基于一种特定疾病（例如阿尔茨海默病或糖尿病）对交易进行评级，而不对交易进行压力测试。此类交易中的个体寿命容易受到治疗的影响，这些治疗与此类被保险人的寿命高度相关，并能提高全体被保险人的总体预期寿命。

根据医务官确定的疾病类别的统计分布，保单贴现组合应该具有内在的多样性。关于抵押品池中疾病类别的广泛性，贝氏公司建议发行人遵守表9.1中各类疾病的最大比重限制。疾病的类别通常取决于疾病的风险评点。

2. 保险公司的多样性。

签发保单的保险公司的多样性，在保单贴现交易中也很重要。贝氏公司要求池中同一家保险公司发布的保单总面值占比不超过15%。

3. 保单数量、保单规模。

保单贴现组合中，可以采用贝氏的随机保单贴现模型模拟现金流，组合中被保险人数量可以有效抑制现金流的波动性，本章稍后将对此进行讨论。图9.3显示了不同数量被保险人对投资组合的经济价值影响。假设被保险人数量分别为100人、200人、300人和400人，这些组合的个体预期寿命为9.6年，现金流（保费、身故保险金和其他费用）按12%折现。该图显示，每个投资组合的预期经济价值（以每个投资组合的总身故保险金的百分比表示）相同，均约为19%；而投资组合经济价值的标准差（以投资组合身故保险金的百分比表示）却不同：100人的占3.8%，200人的占2.7%，300人的占2.2%，400人的占1.9%。显然，池中的被保险人数量越多，投资组合的经济价值的标准差越小。

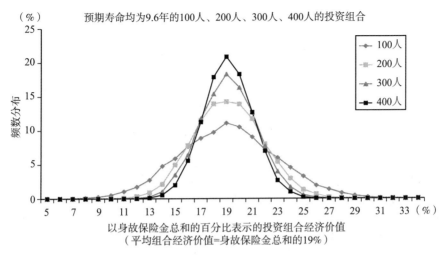

图9.3　以身故保险金总和的百分比表示的投资组合经济价值分布

　　但是，想要拥有大规模的投资组合，必须与下列两个因素相平衡：①边际收益，即通过增加投资组合中的被保险人数来获得更多的边际收益（在缩小经济价值的离散度方面）。②保单积累时间，可能需要很长时间才能积累大量人数的保单贴现投资组合。由于这些原因，贝氏公司建议抵押池中至少包含300人。如果保单贴现组合中包含的人数较少，贝氏公司将在评估交易证券的信用质量时，应用额外的压力情景。请注意，在如何构建标准死亡率表或者如何确定和应用这些表的风险评点计算方面，医务官采用有缺陷的方法，将不会因为保单贴现池中拥有大量被保险人而得到改善，这样的系统性错误只会在更大的投资组合中简单地重复出现。

　　任何一个被保险人的保单面值都不应超过抵押品池总面值的3.33%。大额保单（面值在1000万美元或以上）是否纳入，或视具体情况一事一议，或者第三位医务官发布寿命预测，或是出于建模目的而对寿命预测施加更多压力，以及综合考虑。

长寿风险管理

　　长寿风险是指被保险人的寿命大于医务官合理预测值的风险。被保险人生存时间越长，保单贴现持有人需要支付的保费就越高，并且获取身故保险金的时间越久。长寿风险可以通过止损保险来管理，如果被保险人的实际寿命超出预期寿命外的特定年限，它允许发行人以相当于保单面值的价格向保险公司索赔。预期寿命止损保险也可以用来保障整个投资组合，让发行人有权在特定日期以特定价格将整个投资组合转给保险公司。经营止损保险的保险公司必须是评级主体。此外，贝氏公司将审查合同是否涵盖止损条款，以确认在交易期间支付索赔款是一项无条件的义务。在撰写本文时，贝氏公司还不知道任何专门发行保单贴现止损保险的评级保险公司或再保险公司。尽管这种止损保险会带来额外的保险公司信用风险，但它可以提供一定程度的保障，发行人可以根据成本来考虑是否采用。

评估投资组合的残值

贝氏公司的保单贴现资产证券化分析模型表明，法定期限少于 20 年的证券发行人，可能在很大程度上将依赖于到期时保单贴现组合的残值，来履行其对证券持有人的财务义务。因此，如果所有贴现保单在证券的约定到期日之前尚未到期，在评估证券信用风险的综合模型中，将不得不对清算时间和清算价格进行保守假设。为了评估老年人保单贴现组合的残值，贝氏公司不依赖于医务官发布的死亡率等级和预期寿命的最初估计，除非确实有必要。因为在投资组合清算执行时，这些预估数已经过去 10 年了。贝氏公司目前应用死亡率表来估计投资组合中剩余贴现保单的经济价值。这些死亡率表有如标准的 2001 年 VBT（未调整次标准体），保单的适用保费计划表（直到被保险人年满 100 岁），以及各种假定贴现率表，等等。贝氏公司进一步调低了这一残值，以反映保单贴现市场的低效率和低流动性。

清算前景/流动性风险管理

在交易结束时，保单贴现组合的清算价值很重要；在交易有效期内，出售保单以满足必要的现金流需求，这一点同样也很重要。贝氏公司的保单贴现模型假设指出，在交易期间满足流动性需求时，清算不是可行的选择。这是因为：①围绕个人保单贴现的清算价值存在不确定性；②实际出售贴现保单需要大量时间和精力；③贴现保单的过度出售会对交易的未来现金流产生巨大影响。简而言之，贝氏公司对任何依赖保单清算价值来满足短期现金流需求的交易不予支持。

交易的流动性风险在早期可能更大。来自各种保单贴现组合的经验证据表明，到目前为止承接的保单贴现池，在早期几乎没有死亡发生。减小流动性风险的一种常用方法是在储备基金中留有足够的现金，以满足短期现金流需求。这种方法的缺点是大量的现金储备减少了发行人交易中可以用于购买保单的贴现金额。

减小流动性风险的另一种方法是使用来自评级金融机构的流动性工具。流动性工具可用于支付保单的保费和/或证券持有人的利息。提供流动性工具的金融机构通常会对交易中的贴现保单保留留置权，而且偿还所借资金通常排在交易"优先付款"清单或"瀑布式"的首位。如果流动性工具价格不贵且可在浮动利率和固定利率之间调换，那么持续使用它还是有益的。贝氏公司建议流动性工具的使用期限至少等于预期寿命的125%，这将在本章后面的最终死亡率矩阵（final mortality matrix）进行讨论。这种工具的循环信贷额度应通过交易建模来确定，以确保及时支付保费、利息和本金。

贴现保单定价

保单贴现市场仍处于发展阶段，并且无法保证在发行人准备购买保单或完成其保单采购计划时，任何一个保单贴现机构或服务供应商都正好有保单。因此，在使用初步评估或指示性评级评估交易时，贝氏公司不会考虑发行人在保单或服务上获得更好价格的议价能力。贝氏公司要求所有保单和服务价格反映交易评估时市场上普遍存在的价格，而不仅仅是保单贴现机构承诺的价格，也不是模型推算的理论价格。如前面部分所述，与保单贴现机构签订财务协议的发行人（通过保单贴现机构购买保单的协议除外）必须披露此类协议的全部属性。为了清楚起见，贝氏公司在保单贴现交易中认可的价格，包含了支付给所有参与交易的中间人的费用，如支付给经纪人、保单贴现机构的费用等。

评估保单贴现收购时间表

投资组合收购的速度取决于符合发行人购买标准的保单的可获得性。表9.2中的数据显示，经医务官判定，出售保单的个人中约有8%的人预期寿命为6年或更短。对于任何寻求个体预期寿命较短抵押品的交易来说，积累期可能会非常长，而且此类贴现保单的价格可能会高于标准定价模型的预期。积累期的长短特别重要，如果这一期限延长，交易将会出现"负盈利"。因为发行人无法快速运用资本，以获得比融资成本更高的回报。

如果发行人要求进行指示性评级，但尚未购买交易所需的全部保单。这种情形下贝氏公司要求：一是在指示性评级发布后的 6 个月内完成保单购买；二是要求发行人提供一份收购时间表，说明每个月按预期寿命类别购买的保单数量的预期；三是发行人还必须证明，其保单贴现机构有能力在所预期的时间范围内完成交易，提供足够数量的贴现保单。

表 9.4 根据初步评估、指示性评级和债务评级的要求，总结了具有代表性的保单贴现组合的一般数据要求。

表 9.4　　　　　　　　　　　保单贴现的一般数据要求

项目	首次贴现保单的样本组合 （初步评估）	首次贴现保单的实际组合与样本组合 （用于指示性评级或债务评级）
年龄	√	√
性别	√	√
吸烟状况	√	√
年度保费	√	√
疾病分类		√
保险公司名称		√
保险公司评级		√
保单面额	√	√
预计/实际寿命预期	√	√
死亡率等级		√
死亡率/生存率表		√
年缴保费	√	√
预计/实际保单贴现价格	√	√
预计保单积累期间		√
被保险人的唯一身份证明		√
保单的唯一识别证明		√

保单优化

发行人可能会选择优化某些类型的保单（如万能寿险和投资型万能寿险保单）的保费，比如通过使用保单中的现金价值来减少保费支出，或者只是将保费减少到维持保单有效所需的最低水平。如果评级依据其代表性保单的保费发生了任何形式的变化，则必须通知贝氏公司。具体地说，贝氏公司要求提供月度保费缴纳情况说明，一直到被保险人达到100 岁或拿到身故保险金为止。如果抵押品管理人使用软件来确定各种优化方案下的保费缴纳，贝氏公司要求演示此类软件，并希望将该软件的输出结果与已签发保单的保险公司所提供的说明进行比较。如果抵押品管理人已经开发了优化保单的软件程序，贝氏公司希望验证此软件可以重现保险公司生成的某些说明结果。通过这样做，贝氏公司才可确信软件能够产生准确的结果。

作为优化过程的一部分，贝氏公司希望抵押品管理人考虑将实际可调节的费用增加到最高水平，以观察保费缴纳对保单的影响。贝氏公司可以随机抽样贴现保单样本，以检验发行人的成本和费用假设。

投资组合清算计划

如果证券的法定期限少于 20 年，贝氏公司需要在交易的法律文件中列出一个正式的计划，以便对投资组合进行清算，以偿还证券。保单贴现组合清算所需的时间很难确定，贝氏公司预计保单贴现投资组合的清算时间至少要在证券到期日前两年开始，因为考虑到贴现保单可能在那两年中到期。清算价值计算应根据死亡率标准表来确定，例如标准 2001 年 VBT（未调整次标准体），以及应用于该表的压力，作为保守性的额外衡量标准。

值得注意的是，如果保单的保费得到优化，交易结束时，保单贴现的清算价值可能会受到不利的影响。造成这种影响的原因如下：①由于保费随着保险成本的增加而自然增加，因此在清算投资组合时保费可能会非常高；②贝氏公司将标准死亡率表应用于保单贴现，以计算投资组合的清算价值；③贝氏公司进一步强调要将保单贴现的低效性考虑到这些清算价值的计算中。

管理专业性

贝氏分析的一个定性方面是评估发行人在保单贴现和结构性安全方面的专业性。少数参与者构成了保单贴现行业。参与者在各自领域都有一定声誉，例如，获取保单的能力、在征求客观预期寿命方面的诚信，以及与有效执行保单贴现交易行为相关的其他事项。贝氏公司希望发行人（或其代表）能够展示有关保单贴现机构、随访代理机构、医务官以及与交易相关的其他重要服务商的专业水平。此外，贝氏公司应被告知可能涉及任何交易参与方的重大诉讼或投诉。

文件档案

其他文件档案主要包括税务意见、一般法律审查文件等。

1. 税务意见。

由于保单贴现抵押品是资产证券化中的新资产类别，因此发行人了解其税务影响非常重要。具体而言，贝氏公司希望发行人聘请税务顾问，针对所在州的有关破产风险隔离实体的保费和管理费用的确认或摊销问题提出意见。税金扣款的任何要求也应由税务顾问确定。

2. 一般法律审查/税务意见/档案。

以下是一些其他必要的一般性意见、条件和验证，用于设立由保单贴现为抵押的交易：

（1）不合格法律意见认为，贴现保单从卖方转让至发行人，构成一个真实或绝对出售，而不是抵押品质押。

（2）法律意见指出，如果转让人破产，发行人及其资产或负债均不会与转让人实质性合并。

（3）不合格的法律意见认为发行人将满足特殊目的。破产风险隔离标准，包括：

- 发行人的业务必须限于购买保单贴现和发行评级债务。
- 发行人不得承担任何额外债务，除非额外债务完全从属于评级债务，并且法律文件中明确规定了从属关系。
- 新增债务不影响被评级债务的评级。

- 发行人应有独立的高级管理人员和董事，有单独的账簿和记录，并适时召开董事会会议，对公司运营进行授权。

- 只要评级证券尚未偿付，发行人不得进行任何解散、清算、合并、并购或资产出售（相关交易文件中规定的除外）或修改其组织文件。

- 发行人的所有资产，例如保单贴现、各种所有权账户、托管账户，以及为该结构产生收入的所有其他资产，都应该抵押，以确保发行人的债务。

- 税务意见，即发行人不受联邦、州或地方税收的约束。如果要对发行人的现金流量征税，则应对某些费用的资本化（包括保费缴纳和筹资成本）提出征税意见。

- 与所有服务供应商签订书面协议，例如随访代理机构、保单贴现机构和抵押品管理人等。

- 与私募相关的常规文件，如发行备忘录、信托契约、受托人协议等。

（4）每张保单的报告，详细说明投保申请与被保险人医疗记录之间的任何矛盾。

（5）披露发行人与任何其他方之间的协议（书面或非书面），该协议概述了评级债务完全赎回后交易中剩余部分的分配情况。

（6）法律文件中的反洗钱条款。

证券信用风险的评估

保单贴现组合中个体的死亡率情况

对保单贴现资产支持证券进行评级，比对标准的公司债券支持的债务抵押债券（CDO）进行评级要困难得多。一方面，从分析的角度来看，有很多参数可以极大地影响保单贴现组合的现金流，例如：贴现保单的被保险人的年龄，他们的预期寿命（以及预期寿命的统计分布）、性别、吸烟状况、保费支付、发行保单的保险公司的信用风险以及围绕此类交易抵押品的监管问题。另一方面，公司债券通常是单独评级的，其到期日通常是确定的，信用风险是对此类债券支持的证券进行评级时的主要风险。保单贴现资产支持证券的评级主要是由死亡风险决定的，由于前面提到的各种因素，死亡风险更难以量化。例如，由于年龄、性别或生活方式的差异，两个人可以具有相同的预期寿命但年化死亡率不同。

如前所述，医务官应该提供以下内容，这些对确认死亡率风险非常重要：①其应用于风险评点的标准死亡率表；②医务官对其基本死亡率表应用的死亡率等级，以得出每个被保险人的预期寿命；③每个被保险人的预期寿命估计值（包括联合生存寿险中的第二生命的预期寿命估计值）；④每个被保险人的死亡或存活时间表（考虑到医学损伤）；⑤被保险人的主要疾病类别（如已确定）；⑥任何验证医务官预期寿命预测历史准确性的报告。

如果医务官提供其标准死亡率表、保单贴现池中被保险人的死亡等级及其将死亡评级应用于该表的方法，贝氏公司愿意审查并且可能使用死亡率表进行分析，不过这个死亡率表需要是在一家信誉良好的独立精算公司的帮助下构建的，并且需提供有关用于构建该表的方法学报告。

然而，贝氏公司意识到，一些医务官认为他们的标准死亡率表是专有的，因此只能提供预期寿命和死亡率等级。在这种情况下，贝氏公司将假设每个医务官目前的标准表是2001年VBT，并找到预期寿命对应的死亡率等级，然后将这些死亡率等级应用于2001年VBT。请注意，如果贝氏公司得出的死亡率等级远高于医务官发布的死亡率等级，贝氏公司将得出如下结论，即医务官的标准死亡率表与2001年VBT表不同。

在这样的情况下，贝氏公司可能会对交易施加更多惩罚性压力。保单贴现池中被保险人作为结果的死亡率概况被用于随机现金流模型中。如果，在未来，医务官将他们的标准表建立在另一个死亡率表上，例如2008年VBT，且贝氏公司认为该表适用于保单贴现交易，则贝氏公司将在其分析中应用该表。

保险公司减值风险

保险公司减值风险是评估保单贴现资产支持证券的信用风险时应考虑的另一个因素。一旦政府保险监管部门对该公司采取强制措施，则贝氏公司认为该保险公司经济受损。这种强制措施包括非自愿清算、重点监管、整顿、恢复正常经营、接管、托管、勒令停止或暂停业务、吊销经营许可证等，限制公司正常经营保险业务自由。贝氏公司维持了对绝大多数美国保险公司的评级，因此很可能保单贴现池中的所有保险公司都有贝氏评级。贝氏公司要求交易池中的保险公司的财务实力等级（FSR）为"B+"或更高。

贝氏公司评估保单贴现交易中信用风险的方法始于确定在抵押品池中的每家保险公司的减值率。贝氏公司根据其过去 30 年来评估的 5000 多家国内保险公司的专有数据库，制定了专业的减值率表。该数据集合了约 680 起"减值"事件，构成了该行业最全面的减值统计数据的基础。因此，贝氏公司已计算出可用于结构性交易（如保单贴现证券化交易）的长期累计平均减值率。请参阅最新的关于保险公司减值讨论的方法学报告《最佳减损率和评级转型研究》（来自 www. ambest. com/ratings/methodology）。撰写本文时的最新可用累积减值率表见表 9.5。

表 9.5 　　　　　　　　　　**贝氏的累积平均减值率** 　　　　　　　单位：%

年份	A ++/A +	A/A −	B ++/B +	B/B −	C ++/C +	C/C −	D
1	0.06	0.20	0.75	2.09	3.44	6.08	7.38
2	0.20	0.61	1.80	4.30	5.73	9.54	12.42
3	0.36	1.14	2.89	6.38	8.55	12.08	17.23
4	0.53	1.68	4.24	8.24	11.29	14.64	21.50
5	0.70	2.30	5.66	10.21	13.64	17.28	25.62
6	0.94	2.96	6.88	12.31	15.93	21.00	29.71
7	1.19	3.61	8.16	14.27	18.07	24.10	33.12
8	1.46	4.34	9.19	15.99	20.85	27.48	36.00
9	1.80	5.00	9.99	17.73	23.07	30.04	38.51
10	2.15	5.65	10.90	19.38	24.73	32.09	40.87
11	2.50	6.33	11.78	21.05	26.08	34.67	43.28
12	2.95	6.93	12.72	22.64	26.98	36.71	45.23
13	3.45	7.50	13.65	24.13	27.83	38.17	46.92
14	3.95	7.97	14.57	25.38	29.12	39.74	48.22
15	4.31	8.42	15.19	26.57	29.95	41.42	49.48

资料来源：2007 年 2 月 26 日发布的题为《最佳损减率和评级转型研究》（1977～2006 年）的方法学文件。

在保险公司减值后收回身故保险金

保险公司的减值可能会导致身故保险金的回收减少。一般而言，保险保障基金在保险公司发生减值时几乎承担了所有身故保险金，但在许多州全额赔付上限约为 30 万美元。但是，这 30 万美元的赔付限额可能小于大多数保单贴现交易中的保单面值，多数保单面值在 100 万 ~ 200 万美元之间。

如果保险公司进行清算，未支付的身故保险金将从公司的财产中支付。虽然没有证据表明保单持有人在人寿保险公司破产中赔钱，但作为严格的保单贴现模型应该考虑赔钱发生的可能性。此外，无人能保证，随着保单贴现交易和证券化的发展，立法者不会在保险公司减值情况下对拥有保单贴现业务的破产风险隔离实体的付款施加限制。贝氏公司假设减值保险公司的回收率如表 9.6 所示。假设可在三个月内收到追回款。

表 9.6 保险公司减值后的假设回收率

保单面值（美元）	回收率（%）
300000	100
1000000	86
>2000000	80

减值期间的保单贴现清算价值

如果在交易到期时存在尚未到期的贴现保单，则发行人必须清算保单并使用所得款项向证券持有人支付所有长期债务。贝氏公司假设 FSR 低于 "B +"（即 "B" 及以下评级）并且在交易结束时，保险公司发行的尚未到期的贴现保单没有清算价值，这对于破产风险隔离实体来说尤为重要。

表 9.7 是贝氏公司的一年期评级转型矩阵，显示了一年内评级的变动情况。这样的矩阵可以帮助估计保险公司评级低于 "B +" 的概率。例如，表 9.7 显示，最初评级为 "A/A -"（优秀）类别的保险公司在一年期间内被降级为 "B +" 以下的概率为 1.08%。贝氏公司根据所评估交易的性质，将适

当的转型矩阵（在应用一些简化假设并使用矩阵乘法后）应用于其分析中。

表 9.7			贝氏一年期评级交易矩阵				单位: %	
	一年后评级							
	A ++/A +	A/A −	B ++/B +	B/B −	C ++/C −	C/C −	D	Impaired
A ++/A +	92.62	6.90	0.39	0.03	0.00	0.00	0.00	0.06
A/A −	4.19	91.15	3.58	0.61	0.10	0.06	0.12	0.20
B ++/B +	0.36	10.93	81.03	5.51	0.63	0.31	0.48	0.75
B/B −	0.27	1.03	15.12	75.35	3.96	0.98	1.21	2.09
C ++/C +	0.23	0.58	1.86	18.18	67.07	5.30	3.32	3.44
C/C −	0.00	0.63	0.25	4.43	15.19	65.44	7.97	6.08
D	0.10	0.55	1.05	3.06	3.11	3.56	81.18	7.38

		一年后评级		
		安全的	易损伤的	
	安全的	98.03	1.97	
	易损伤的	9.92	90.08	

现金流量模型/债务违约表的使用

贝氏公司开发了自己专有的现金流量模型——蒙特卡洛模拟模型，用于保单贴现交易现金流测算，但公司也希望收到由发行人（或其代表）创建的现金流模型副本。该模型考虑了贴现保单的价格和面值、死亡的统计分布、保险公司减值、与减值相关的回收情况、保费、清算价值、保单贴现资产支持证券上的支出，以及其他重要的模型参数。贝氏公司将对交易进行建模，并将其结果与发行人模型的输出结果进行比较。

确定最终死亡率矩阵

为了对交易进行建模，贝氏公司首先确定了最终死亡率矩阵，这是用于蒙特卡洛模拟的死亡率矩阵。这个矩阵是由医务官提供的信息推导出来的，贝氏公司做了部分修正。这些修正是为了弥补：①医务官系统性地误判预期寿命的可能性；②出售其保单的被保险人群比创建用于评估保单贴现交易的标准死亡率表所采用的被保险人群更健康。

如果医务官仅提供预期寿命和死亡率等级，则以下程序将决定最终死亡率矩阵：

（1）给定保单贴现组合，根据每个被保险人的年龄、性别和吸烟状况，获得资产池的标准死亡率矩阵。目前，标准死亡率矩阵假定取自 2001 年 VBT。2008 年 VBT 可能会在未来某个时候采用。

（2）给定标准死亡率矩阵和保单贴现池中每个被保险人的身故保险金，得出该池的加权平均到期时间。这将被视为标准风险队列的基本预期寿命（$LE_{标准}$）。

（3）考虑到标准死亡率矩阵中每个被保险人的预期寿命，得出每人的死亡率乘数 MM_i（其中 i 的范围从 1 到投资组合中的被保险人总人数）。

（4）将标准死亡率矩阵中的每个寿命乘以在步骤 3 中得出的相应死亡率乘数 MM_i，得出了新的死亡率矩阵，将其称为受损死亡率矩阵。

（5）给定受损死亡率矩阵和池中每个寿命的面值，得出池的加权平均到期时间。这将被视为一组受损生命的基本预期寿命（$LE_{受损}$）。

（6）如果 $LE_{受损} \geqslant 80\% \times LE_{标准}$，步骤 6 就此终止，使用在步骤 4 中导出的受损死亡率矩阵作为中间死亡率矩阵并转到步骤 8。

（7）如果 $LE_{受损} \leqslant 80\% \times LE_{标准}$，将受损死亡率矩阵中每个生命的死亡率曲线乘以一个常数因子（小于 1），使得 $LE_{受损} = 80\% \times LE_{标准}$。我们将组合称为中间死亡率矩阵，80% 的 $LE_{标准}$ 将被称为 $LE_{中间}$。

（8）通过将中间死亡率矩阵乘以每个生命的调整因子，即调整 i，得出最终死亡率矩阵，其计算如下：

● 如果死亡给付小于或等于 200 万美元，则调整 $i = 100\%$。

● 如果死亡给付大于或等于 700 万美元，则调整 $i = 80\%$。

● 如果死亡给付在 200 万～700 万美元之间，则调整 $i = (-4\% \times$ 以百万计的死亡给付）$+ 108\%$。

（9）计算最终死亡率矩阵的预期寿命，即 $LE_{最终}$。

上述程序使用每个医务官提供的数据进行推导。选择用于分析的最终死亡率矩阵将是产生最高投资组合预期寿命的矩阵。

最终死亡率矩阵将用于运行蒙特卡洛模拟，以确定证券的基本违约概率。

如果医务官提供其标准死亡率表，死亡率等级和预期寿命（并假设贝氏决定使用标准死亡率表进行分析），则最终死亡率矩阵推导如下：

（1）给定保单贴现组合，考虑到每个被保险人的年龄、性别和吸烟状况，从医务官那里获得标准死亡率矩阵。

（2）给定标准死亡率矩阵和保单贴现池中每个被保险人的身故保险金，得出该池的加权平均到期时间。这将被视为一系列标准风险的基本预期寿命，$LE_{标准}$。

（3）将标准死亡率矩阵中的每个生命乘以其相应的死亡率乘数 MM_i，由医务官根据其采用的方法给出。新的死亡率矩阵将被称为受损死亡率矩阵。

（4）给定受损死亡率矩阵和池中每个生命的面值，得出池的加权平均到期时间。这将被视为一群受损生命的基本预期寿命，$LE_{受损}$。

（5）如果 $LE_{受损} \geq 80\% \times LE_{标准}$，停止并使用在步骤 3 中导出的受损死亡率矩阵作为中间死亡率矩阵并转到步骤 7。

（6）如果 $LE_{受损} \leq 80\% \times LE_{标准}$，将受损死亡率矩阵中每个生命的死亡率曲线乘以一个常数因子（小于1），因子，使得 $LE_{受损} = 80\% \times LE_{标准}$。我们将组合称为中间死亡率矩阵，80% 的 $LE_{标准}$ 将被称为 $LE_{中间}$。

（7）通过将中间死亡率矩阵乘以每个生命的调整因子，即调整 i，来得出最终死亡率矩阵，其计算如下：

- 如果死亡给付小于或等于 200 万美元，则调整 $i = 100\%$。
- 如果死亡给付大于或等于 700 万美元，则调整 $i = 80\%$。
- 如果死亡给付在 200 万 ~700 万美元之间，则调整 $i = (-4\% \times$ 以百万计的死亡给付) + 108%。

（8）计算最终死亡率矩阵的预期寿命，即 $LE_{最终}$。

和以前一样，上述程序是用每个医务官提供的数据进行推导的。选择用于分析的最终死亡率矩阵将是产生最高投资组合预期寿命的矩阵。最终死亡率矩阵将用于运行蒙特卡洛模拟，以确定证券的基本违约概率。

建模基础

在最基本的层面上，贝氏的模型在考虑了适当的死亡率表、保费和身故保险金后，为每项保单生成现金流。例如，假设一名75岁的男性被保险人在76岁时死亡的概率为1.6%，在77岁时死亡的概率为2.0%（如果他在76岁时存活），并且在78岁时死亡的概率为2.7%（如果他在77岁时存活）。

在模拟过程中，在被保险人死亡概率为1.6%的第一年，贝氏绘制了0%~100%之间的随机数。如果该随机数小于或等于1.6%，则假定被保险人死亡，停止支付该保单的保费（第一年后），并且收取身故保险金。如果该随机数大于1.6%，则被保险人被认为存活，即被保险人将存活至第二年，并且继续支付保费。在第二年，当被保险人死亡的概率是2.0%时，再次绘制一个随机数，并且该人不是存活（即随机数超过2.0%）就是死亡（随机数小于或等于2.0%）。在第三年，被保险人死亡的概率为2.7%，再次抽出随机数，并且该人不是存活（随机数大于2.7%）就是死亡（随机数小于或等于2.7%）。图9.4显示了这个例子中三年期间死亡或生存的可能模式。

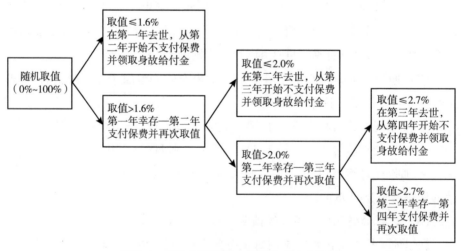

图9.4 蒙特卡洛模拟中的死亡或生存路径

对于可能在 20 年或 30 年内到期的数百个保单的投资组合，分析过程也是相同的。对于模拟中的每个试验，该模型汇总了保单贴现组合的现金流（身故保险金给付、保费缴纳等），并按交易瀑布的规定进行支付。当由于现金流短缺而未能全额付款时，模型会记录违约。贝氏公司现金流模型的最终结果是违约率，即所有试验的违约总数除以试验次数。然后，这个违约率与贝氏公司的理想化违约矩阵有关（见表 9.8），该矩阵显示了与信用评级相关的违约率。证券的信用质量基于长期信用评级标准，而不是 FSR 标准。

表 9.8   贝氏公司的理想化违约矩阵   单位：%

	AAA	AA +	AA	AA −	A +	A	A −	BBB +	BBB	BBB −	BB +	BB	BB −
1	0.03	0.03	0.04	0.05	0.06	0.11	0.16	0.21	0.23	0.27	0.67	1.20	2.30
2	0.08	0.11	0.13	0.23	0.32	0.44	0.56	0.67	0.74	0.89	1.96	3.26	5.28
3	0.14	0.20	0.26	0.42	0.58	0.76	0.95	1.13	1.25	1.51	3.18	5.23	8.10
4	0.22	0.31	0.41	0.62	0.84	1.08	1.33	1.58	1.76	2.13	4.35	7.11	10.78
5	0.31	0.45	0.58	0.84	1.10	1.41	1.71	2.02	2.25	2.75	5.46	8.91	13.31
6	0.42	0.60	0.79	1.08	1.37	1.73	2.09	2.46	2.74	3.37	6.51	10.63	15.71
7	0.53	0.77	1.01	1.33	1.64	2.06	2.47	2.88	3.21	3.98	7.51	12.26	17.96
8	0.66	0.96	1.25	1.58	1.92	2.38	2.84	3.31	3.68	4.58	8.45	13.81	20.09
9	0.79	1.15	1.51	1.85	2.20	2.70	3.21	3.72	4.13	5.18	9.34	15.28	22.08
10	0.94	1.36	1.79	2.13	2.48	3.03	3.58	4.13	4.58	5.76	10.18	16.67	23.95
11	1.09	1.58	2.08	2.42	2.76	3.35	3.94	4.53	5.01	6.33	10.96	17.98	25.70
12	1.24	1.81	2.38	2.72	3.05	3.68	4.30	4.92	5.43	6.88	11.69	19.21	27.34
13	1.40	2.05	2.69	3.02	3.35	4.00	4.65	5.31	5.84	7.42	12.36	20.36	28.86
14	1.57	2.29	3.01	3.33	3.64	4.32	5.01	5.69	6.25	7.93	12.99	21.44	30.28
15	1.73	2.53	3.34	3.64	3.94	4.65	5.36	6.06	6.64	8.43	13.57	22.43	31.59

资料来源：2007 年 12 月 5 日发布的方法论报告《贝氏的理想化违约矩阵》。

请注意，上面的简化示例忽略了保险公司违约、被保险人寿命变化趋同性以及模型中考虑的其他建模参数。

压力

如前所述，保单贴现评估比典型的债务抵押债券更难评估，因为必须考虑各种风险（包括长寿风险和监管风险）。贝氏公司的一些压力项目包括以下内容：

（1）最终死亡率矩阵（包括交易的前三年中通常很少有人死亡的压力）；

（2）死亡率改善；

（3）保费缴纳；

（4）被保险人寿命变化的相关性（基于治愈新发现）；

（5）被保险人死亡与领取身故保险金之间的时间；

（6）跟踪被保险人的费用（如果必须雇用新的随访代理机构）；

（7）利率浮动型融资资金的未对冲利率；

（8）保险公司的减值和回收情况；

（9）流动性提供者的评级；

（10）任何提供长寿止损保险的公司的评级（如有）；

（11）剩余保单贴现抵押品的清算价值（在交易结束时如有）。

定性问题

在评定保单贴现资产支持证券时，贝氏公司还考虑了一些可能无法直接量化但可能对交易评级产生重大影响的问题。这些问题包括但不限于以下内容：

（1）由抵押品管理人为管理交易而设立的基础设施；

（2）通过信誉良好的精算公司认证的医务官过往的业绩记录，所反映的实际与预期比率；

（3）发行人（或其代表）是否聘请精算师帮助其了解老年人医学受损的死亡率概况；

（4）交易中指定的医务官为独立第三方提供寿命预期的时间；

（5）发行人是否对保单进行了一致性审查，以确保原投保申请的承保是在准确的信息下完成的；

（6）律师在多大程度上审查了投资组合中每个人寿保险的销售文件包，并确信卖方对被保险人的生命具有保险利益；

（7）发行人或安排人具有保单贴现交易的经验，贝氏公司认为完全依赖顾问（特别是如果他们仅在交易开始时参与了）容易使得发行人蒙受损失，尤其是随着交易进展，必须做出保单管理相关决策；

（8）现存的为重要服务供应商提供的指定备份，例如抵押品管理人和随访代理机构；

（9）保单卖方在多大程度上了解交易中向所有中介机构支付的所有费用；

（10）存在明确的清算计划（对于法定期限少于20年的交易），必须由抵押品管理人执行；

（11）发行人及时提供监控数据用以监控交易的能力及意愿，包括审计信息；

（12）保单贴现机构按照发行人预计速度收集保单的能力；

（13）购买的投资组合在多大程度上满足此方法中针对首次贴现保单的要求和建议。

证券交易的监控要求

对有初步评估的证券没有监控要求，因为此类评估是根据投资组合和评估时向贝氏公司提供的信息进行评估的。即使可用预期寿命和价格等市场条件发生变化，初步评估也不会更新。

与初步评估不同，指示性评级和债务评级是对真实证券的公开评级，因此，可能会随着交易完成或交易到期而进行修订。

交易开始时的监控要求

为监控具有指示性评级或债务评级的证券，贝氏公司要求在交易开始时提供每张有关保单的以下信息：

- 每张保单的唯一标识号；
- 每个被保险人的唯一身份识别号；
- 承保保单的保险公司；
- 在购买保单时，保险公司的评级；
- 以下类别的保单类型分类：万能寿险、终身寿险、变额寿险、变额万能寿险、生存万能寿险和定期寿险；

- 保单的有效日期；
- 保单到期日（如适用）；
- 保单面值；
- 保单首次出售到二级市场的日期；
- 为交易获取保单的日期；
- 保单价格；
- 使用的医务官；
- 被保险人的出生日期；
- 由医务官评估的预期寿命；
- 每项预期寿命评估的日期；
- 用于预期寿命评估的最新医疗记录的日期；
- 需要第三位医务官的保单说明；
- 直至100岁的月度保费；
- 随访代理机构的名称；
- 由医务官确定的主要疾病类别（如有）；
- 销售文件包执行时被保险人居住的州；
- 保单贴现机构的名称以及保单贴现机构获得所在州的经营许可情况。

交易完成后的监控要求

交易完成并运行后，贝氏公司希望及时知会：
- 死亡证明上显示的被保险人的死亡日期；
- 发行人收到死亡报告或发现死亡的日期；
- 领取身故保险金的日期；
- 保单的清算价格（如果出售保单）；
- 每位已故被保险人的累计所缴保费；
- 任何关于保费缴纳、身故保险金、信贷利率、费用支出、保单贷款或可能影响人寿保险净现金流的其他特征的变化；
- 池中保单的承保保险公司对计算方法有任何计划变更都会影响保费缴纳、身故保险金、信贷利率、费用支出或其他可能影响人寿保险净现金流的特征；

- 任何保险公司的失效通知。

按季度/半年度监控

每季度，贝氏公司希望获得以下信息：

- 收到的累积身故保险金；
- 每张保单收到的累计分红；
- 每张保单的累计支付保费；
- 具有保费或净身故保险金变化的保单；
- 有债务的保单。

每 6 个月，贝氏公司需要一个关于保单贴现投资组合从该时点到交易结束的到期日规划。如果预计到期日导致支付保费或证券的任何本金或利息所需的现金流不足，贝氏公司希望看到发行人为避免流动性危机而制定的计划。贝氏公司还会定期向备用随访代理机构确认信息，以确保其具有被跟踪的被保险人的最新记录。

第 3 部分

定价与价值评估

10
保单贴现定价

I. 詹姆斯·卡沃利 （I. James Cavoli）

保单贴现咨询有限责任公司 （Life Settlement Insights） 首席执行官

在所有投资方案中，必须认真考虑合理的方法以确定应该提供什么价格来启动交易。就保单贴现合同而言，鉴于保单买方的最终收益已经通过身故保险金额确定，给出合适价格的重要性得到提升。因为除了已经定义的保额之外没有进一步的上行空间（不同于股票或债券可能在到期前卖到面值以上），可以说这显然是一种在途利润而不是既定利润（事先预定的利润，而不是事后结算的利润）。

在现今保单贴现市场中，大多数投资实体或其指定参与者主导拍卖式采购流程，以确保买方不会为特定保单而多付费，但这一过程与其他竞争对手行为相关，并且需要遵从市场秩序。早期的拍卖流程，无法考虑特定买家的具体要求和预期回报。

本章将讨论如何制定关于寿险保单投资的一致性定价策略，对保单评估的关键驱动因素的阐释，以及对贴现现金流分析的审查。此外，本章节将阐释三个最广泛使用的保单贴现定价模型：确定性、概率性和随机性定价模型。

保单价值的关键驱动因素

当下盛行的市场条件和特定的融资实体模型，最终会影响购买保单的决定。在特定定价方法使用之前，必须设定关于保单和被保险人的标准，确保其存在合理的利润空间，以吸引机构投资人。

评估保单价值的关键因素有：被保险人的年龄和预期寿命、保单类型、保险公司评级、保单现金价值、保费/保单是否贷款、保额规模、信贷市场的利率和回报等。

被保险人的年龄和预期寿命

大多数保单贴现投资人更愿意从 70 岁及以上的男性和 75 岁及以上的女性被保险人手中购买保单。也就是说，被保险人的预期寿命（LE）可能是决定保单贴现价值的最重要因素。根据被保险人年龄、整体健康状况、家族史、生活习惯和其他因素，贴现核保公司会给出一个评估值。

预期寿命是最为重要的，因为它决定投资的持续时间。预期寿命长，意味着投资人必须支付更多的保费，才能获得身故保险金，由于死亡利益在较远的未来，所以它将被赋予较低的当前价值；预期寿命较短，情况则完全相反，由于更少的保费支付，更快获得身故保险金，因而具有更高的估值。

大多数潜在的贴现保单买家只接受和认可最新的预期寿命报告，即在过去 90～180 天内产生的预期寿命报告。过时的预期寿命报告没有用，因为被保险人的健康状况可能已经发生变化，并且由于医学核保不断向其模型引入数据并不断完善改进，预期寿命评估报告也可能有新的变化。

事实上，投资人应坚持所有保单和被保险人健康信息应尽可能是最新的且完整的，以便对保单价值进行最为准确的估算。

保单类型

（1）万能寿险保单（universal life policies，UL）。万能寿险保单是保单贴现买家最理想的投资产品。这是因为它们很容易被分解为以下部分：保费、承保费用和现金价值（账户价值）。在计算维持保单有效所需的最低付款成本时，大多数定价模型都包含这些部分。

（2）定期寿险保单（term policies）。如果定期保单有条件转换为万能寿险保单，由于上述提到的原因，它们通常也是很好的备选投资产品。

（3）不可转换定期寿险保单（nonconvertible term policies）。如果被保险

人的预期寿命异常的短，有时会购买不可转换的定期寿险保单，但这会使投资者面临保单可能已经到期的风险，最终无法真正获得身故保险金。

（4）联合生存寿险保单（joint survivorship life policies）。当一名被保险人已经去世或健康状况严重下降时，通常可以出售联合生存寿险保单。联合生存寿险保单具有吸引力，是因为它们以相对更低的"联合死亡率"出售。当其中之一的被保险人健康状况下降时，保单定价与实际市场价值之间的套利空间变得更加明显。

（5）终身寿险保单（whole life policies）。由于其成本结构的"黑箱"属性，终身寿险保单通常不是最好的保单贴现投资产品。这些保单成本构成难以分解，因此更难以正确评估。许多投资者根本不会考虑投资购买此类保单。

保险公司评级

大多数保单贴现投资实体机构要求承保公司至少具有 B + 评级。较高的评级等同于投资者的交易对手（保单持有人）具备更好的风控能力。由于买方投资人可能需要等待多年才能获得回报，因此签发保单的保险公司的财务稳定性非常重要。在考虑购买其保单之前，应证明签发保单的保险人有其强大的资金储备、充足的定价依据和稳健的业绩记录。

现金价值

较低的现金价值可能会减少保单的贴现。保单投资账户中的大量余额可用于支付未到期保费，从而降低投资者在持有保单时的自付总成本。此外，使用大量现金购买保单是对投资者资金的低效使用，因为保单中的现金价值比大多数替代品的收益率要低得多。

由保险产品发行人确定的退保现金价值不会直接影响保单贴现定价，但会影响某些保单进入市场的可能性。如果购买价格未显著高于退保金，则保单卖方将不会愿意考虑进行交易。

保费/保单贷款

未来支出保费的成本和保单的贷款，对寿险保单的贴现价格具有重大影响。未来的保费支出代表买方除购买价格外还需在保单持有过程中进行的投资。对于潜在的投资者而言，重要的是需缴纳保费维持贴现保单有效，直到被保险人最终身故为止。投资人可以请求承保人发送保单有效的情况说明以及维持保单有效所需的最低保费，也可以运用众多定价模型，从标准有效说明中获取所需缴纳的最低保费。

保单贷款也会给投资者造成直接损失，因而会影响贴现价格。大多数投资者会在假设没有贷款的情况下对该保单进行定价，然后减去贷款余额以得出要支付给保单持有人的费用。

保额规模

行业数据显示，寿险保单贴现平均保额超过 100 万美元。由于某些交易成本是固定的，较大保额的保单会使买方获得更大的收益。固定交易成本包括保单贴现承保的时间成本、法务审查、医学核保以及医疗资料和保单记录的收集。此外，费用还包括托管费、电汇费、邮资费和随访费用等。小额保单的收益很难担负这些较高的固定交易成本。

考虑到保单相关的持续维护和管理成本，保额规模也不容忽视。大多数保单贴现投资者，通过采用管理公司负责选择保单、保费支付、随访被保险人、收取身故保险金，这些成本会随着时间的推移而累积。

信贷市场因素

买方的预期回报率与其资金成本之间的差距，在最终为该保单提供定价的过程中起着非常重要的作用。保单贴现要约取决于买方所希望的投资回报。随着买方的风险增加，如预期寿命延长、保险公司评级降低、监管规则变化等，公平起见，买方获得更高收益的概率也应增加。

折现现金流和当前净值

有许多大学金融教授对折现现金流的基础都有简要分析。在这里，为了解释本章后面所述的定价模型，我们将对折现现金流进行重新审视。

折现现金流是一种利用货币时间价值概念对资产进行估值的方法。估计未来的付款和最终的回报，并折现给投资者以分配当前净现值，即当前现金流出现值与未来现金流入现值之间的差额。

所使用的折现率通常是已经设定的资本成本，是对未来付款的风险或不确定性的估计。

当前净现值可表示为：

$$NPV = C_t / (1 + d)^t$$

式中，

t 是投资期数；

d 为折现率；

C_t 是时间 t 的期末净现金流。

例如，具有 5 年期限的潜在投资，可立即以 40000 美元现金流出，并在 5 年内每年额外现金流出 5000 美元。投资项目将在第五年向投资人支付 10 万美元。折现率确定为 10%。

每年的现值计算如下：

净现值计算实例：

0 年(t) ⩾	-40000 美元$/(1.10)^0$	=	-40000 美元
1 年(t) ⩾	-5000 美元$/(1.10)^1$	=	-4545 美元
2 年(t) ⩾	-5000 美元$/(1.10)^2$	=	-4132 美元
3 年(t) ⩾	-5000 美元$/(1.10)^3$	=	-3751 美元
4 年(t) ⩾	-5000 美元$/(1.10)^4$	=	-3415 美元
5 年(t) ⩾	95000 美元$/(1.10)^5$	=	58987 美元
	净现值(NPV)	=	3138 美元

在净现值超过 3100 美元的情况下，投资似乎是更有价值的。当然，该统计测算是单独进行的，没有考虑选择这个特定选项而排除其他选择的机会成本。

保单贴现定价模型

投资者通常会使用以下三种方法中的一种，这些方法都涉及现值计算，以确定保单贴现价格。所有方法都有优点和缺点，但任何关心保单贴现市场的参与者都应该了解这三种方案。

确定性定价模型

这三种定价模型选择中最简单的是确定性模型，它被广泛应用于终末期疾病贴现的早期阶段，一般被保险人的预期寿命更短、更易预测。

确定性定价模型是一种易于实施的"时间点"模型。虽然存在可能影响所购买保单最终表现的多种变量，但确定性模型为每个变量设定预期值，并假设现实与预估一致。

确定性模型基于保单贴现价格和在特定时点获取身故保险金净值来计算回报。它通过假设在被保险人的预期寿命中获取身故保险金来实现这一点。在确定性模型中做出的关键假设是，随时间推移的保费支出、被保险人的预期寿命以及确定当前净值的折现率（见表 10.1）。

表 10.1 确定性定价示例

面值/净死亡利益：1200000 美元

预期寿命：5 年

购买价格：385000 美元

年度保费：55000 美元

折现率12%

假设：每年年初支付保险费，年末支付一次身故保险金。

年份	购买价格（美元）	保费（美元）	折现率（%）	内部收益率（%）
1	385000	55000	12	172.73
2	NA	55000	12	59.01
3	NA	55000	12	32.78
4	NA	55000	12	21.35
5	NA	55000	12	14.98
6	NA	55000	12	10.94
7	NA	55000	12	8.16
8	NA	55000	12	6.13
9	NA	55000	12	4.59
10	NA	55000	12	3.28

例如，在被保险人的预期寿命为 5 年时，如果支付 385000 美元的贴现金，投资者的预期回报率为 14.98%。

一般来说，如果公司的最低内部收益率（IRR）或最低资本回报率（此处表示为 12%）低于 14.98%，并且满足所有其他收购标准，则应购买该保单。

可以将其他数据添加到模型中，例如每月维护成本、每日现金复利和保单费用。然而，最重要和最恒定的特征是假设是固定的，并且预测日期也是确定的。

由于确定性定价模型是静态的，因此大多数分析师将对购买保单的各种情景进行敏感性分析，以测试各种情况下的压力。进行压力测试最常见的方法是假设一个死亡率区间（10%~20%），来评估 IRR 如何变化。另一种最普遍的敏感性分析，引入了对未来最低保费支付的调整项。这两种技术都试图抵消确定性模型的最大缺点，即依赖于单一假设。

优点：易实施，便于直接分析。

缺点：过于简单化；过度依赖预期寿命预测的准确性；现今保单贴现市场的长期持续性，需要更复杂的建模。

概率定价模型

认识到被保险人的死亡可能发生在任何时候，而不会正好是估计的预期寿命时点，概率定价模型通过在分析中纳入每年的死亡率对确定性定价模型进行了改进。所提供价格是基于死亡率加权现金流量法，表达了可能结果的总和。

概率定价模型与确定性定价模型的主要区别在于，它假设每年都存在一定的、可测量的死亡概率。因此，可以通过计算得出必须支付的预期保费和即将收到的预期身故保险金，从而更好地计算预期估值。

根据精算经验，死亡率估算是基于对大量人群的研究。人群组通常按性别和年龄分类。根据医疗条件和生活方式属性来进行调整。

因而多数预期寿命核保机构会计算一系列的死亡率，列明在任何给定年度中的死亡率。正是这种年死亡率为概率定价模型提供了依据。

通过合并每个未来年度的年死亡率百分比，投资者可以计算保费、身故保险金和净收益（身故保险金减去保险费）的年度预期值。据此，可以通过使用先前描述的相同折现流量法，利用这些金额来确定每年的净收益值。

如表 10.2 中显示，在首年预期死亡率为 5%，这意味着存活率为 95%。确定的 5% 死亡率产生 28500 美元的预期保费（即支付 30000 美元的概率为 95%），以及预计 50000 美元的身故保险金（获得 1000000 美元概率为 5%）。按 12% 的折现率计算，21500 美元（50000 – 28500）的净收益现值为 19196 美元。每年根据增加的死亡率进行调整，得出表 10.2 中显示的结果。在这种情况下，净收益的总现值是 264687 美元，代表投资者根据死亡率表和折现率（12%）愿意承担的费用（注意：第 12 年的 29% 死亡率仅用于解释说明目的）。

表 10.2　　　　　　　　　　　　概率定价示例

面值/净死亡利益：1000000 美元

年度保费：30000 美元

折现率 12%

年份	预期死亡率（%）	保费（预计值）（美元）	身故收益（预计值）（美元）	净收益（美元）	当前净收益值（美元）
1	5.0	(28500)	50000	21500	19196
2	5.3	(28425)	52500	24075	19192
3	5.5	(28346)	55125	26779	19061
4	5.8	(28264)	57881	29618	18823
5	6.1	(28177)	60775	32578	18485
6	6.4	(28086)	63814	35729	18101
7	6.7	(27990)	67005	39015	17648
8	7.0	(27889)	70355	42466	17151
9	7.4	(27784)	73873	46089	16620
10	7.8	(27673)	77566	49893	16064
11	8.1	(27557)	81445	53888	15492

续表

年份	预期死亡率（%）	保费（预计值）（美元）	身故收益（预计值）（美元）	净收益（美元）	当前净收益值（美元）
12	29.0	(21314)	289517	268258	68855
	100				264687

该方法可以为可能投资的所有时间场景建模。虽然无法保证其中单独的哪一年是完全正确的，但总结果将更趋于精确。

由于概率模型的预期价值属性，它最有效地用于批量保单组合，是最常见的投资组合定价工具。

优点：比确定性模型更合理、更现实的假设；纳入了一系列可能的结果。

缺点：对于单一保单贴现定价而言不够精确。

随机定价模型

随机模型比任何其他定价方法都更好，因为它引入了决定投资者回报的未知现实事件，并试图解释这些不确定性。

随机定价模型将确定性模型的精度与概率模型的实际与灵活预期相结合。通过蒙特卡洛模拟，使用重复随机采样来导出一组值。

通常，每个蒙特卡洛分析都涉及几个准备阶段和实施阶段。

（1）为每个未知变量定义可能输入的范围。对于保单贴现交易，这些变量通常包括保费支付总额、被保险人的死亡日期以及保单的利息率。

（2）每个变量由概率分布表示。由于实际输入值的不确定性，这些分布定义了变量可能的未来实际值。如表 10.2 所示，预期寿命为 8 年，可以用年死亡率表示（第 1 年 = 5%，第 2 年 = 5.3%，依次类推）。

保费和预期寿命的可能值范围显示在图 10.1 中的概率分布中。

保费：

研究值	允许的最小值	**10/90**	预期值	**90/10**	允许的最大值
20000 美元	15000 美元	18559 美元	19999 美元	21442 美元	24000 美元

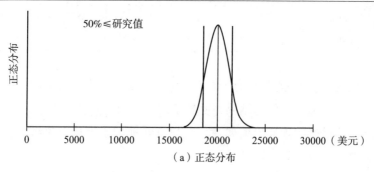

（a）正态分布

预期寿命：

研究值	允许的最小值	**10/90**	预期值	**90/10**	允许的最大值
84	6	33	80	137	260

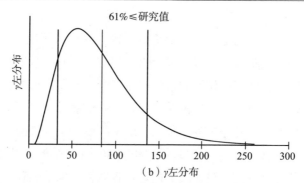

（b）γ左分布

图 10.1　正态分布和 γ 左分布

（3）计算机从每个变量的概率分布中随机抽取一个值。表 10.3 显示了样本研究中 1000 个样本迭代的前五个和后五个。

表 10.3　　　　　　　　　仿真输入值

模拟人数（1000）	保费（%）	死亡率（预期寿命月计）
1	18501	120
2	19778	39

续表

模拟人数（1000）	保费（%）	死亡率（预期寿命月计）
3	20646	46
4	20754	243
5	21571	83
6～995	—	—
996	19334	40
997	19495	56
998	22250	74
999	18855	66
1000	18795	116

（4）接着模型将每个随机输入值插入到公式的定价中，并使用确定性定价模型的方法为保单生成值。重复该过程，并根据用户定义的迭代次数计算保单价值，通常超过 1000 次。表 10.4 显示了样本研究中千次样本迭代的前五个和后五个的保单价值。

表 10.4   **仿真输出值**

模拟人数（1000）	计算的保单价值（美元）
1	215725
2	643792
3	586575
4	54350
5	359388
6～995	—
996	635295
997	520233
998	405061
999	461685
1000	228599

（5）然后将计算出的保单价值存储在直方图中（见图10.2），该直方图显示保单的可能值，以及从最高到最低的预期估值范围。在这里，多个计算结果显示（大约19%）估计保单的价值在420793～518497美元之间。在极端情况下，保单价值低于 −67725 美元的可能性不到1%，保单价值超过909311美元几乎为零。

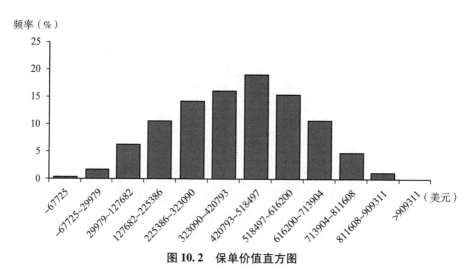

图 10.2　保单价值直方图

这些信息也可以用累积频率图来说明（见图10.3）。

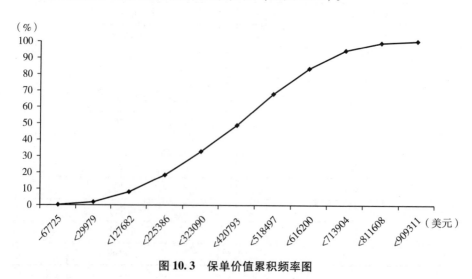

图 10.3　保单价值累积频率图

在对随机变量选择和计算进行了令人满意的迭代次数之后，可以将结果绘制在图表上，并且投资者可以以不同程度的确定性来计算该保单可能具有的价值。对该数据集的统计分析可以揭示每种结果的可能性。

随机定价 （蒙特卡洛） 保单价值报告

研究价值 = 361074 美元

38.2% 的模拟结果相等或更低

61.8% 的模拟结果等于或大于

最低结果 = -67725 美元

最高结果 = 909311 美元

预期值 = 415788 美元

标准差 = 194261 美元

38.2% 的模拟结果相等或更低

61.8% 的模拟结果等于或大于 1000 次模拟数值：

5% < 87086 美元	55% < 455525 美元
10% < 146974 美元	60% < 478614 美元
15% < 200740 美元	65% < 506669 美元
20% < 234310 美元	70% < 528488 美元
25% < 266721 美元	75% < 560568 美元
30% < 300888 美元	80% < 592328 美元
35% < 339837 美元	85% < 626296 美元
40% < 367350 美元	90% < 664117 美元
45% < 394355 美元	95% < 728823 美元
50% < 426623 美元	100% < 909311 美元

投资者可以根据他的判断来确定可能产生足够回报的定价水平。该模拟表明，该保单有 62% 的机会获得 361000 美元或更高的金额，有 80% 的机会达到 234300 美元或更高。

优点：结合确定性模型和概率模型的最佳特性；考虑到回报可能出现的波动；为贴现投资者增强投资信心。

缺点：应用和实施起来最昂贵和最复杂的模型。

后记

寿险保单贴现的定价的复杂性是由以下三个因素决定的：每项交易的独特属性、每项潜在交易需要获取的大量信息，以及人寿保险单中提前预设的付款项目。

在每个投资者为保单贴现定价过程中，其长短期目标、可用投资资本和风险承受能力都将发挥作用。采用可预测结果的定价模型，可以更好地帮助投资者。没有任何一个保单贴现的财务定价模型是绝对可靠的。随着保单贴现市场的发展壮大及投资者的持续涌入，保单贴现定价方法将不断进行检验、更迭和改进提升。

11

保单贴现价值评估技术

——寿命久期和寿命凸度

查尔斯·A. 斯通 （Charles A. Stone）
纽约市立大学布鲁克林学院，经济系教授

安妮·齐苏 （Anne Zissu）
纽约市立大学城市技术学院商业系教授，
纽约大学多元技术学院金融工程系教授

　　老年人寿保单贴现中的投资，是作为与市场上交易的其他资产（如房地产、商品、公司股票和风险债务）不相关的有价证券进行销售的。在本章中，我们开发了一个测量指标，可用于评估寿险保单及其贴现投资组合的价值对于长寿风险的敏感性。在贴现合同中，长寿风险是指人寿保险单的被保险人的实际寿命超过保单投资者对其评估的预期寿命的可能性。这种预测的寿命预期，是二级市场保单估值的基础。只有在相关保单成为投资组合的一部分时，预期寿命的期限才具有经济价值。随着构成保单贴现组合的保单数量的增加，预期寿命的不确定性变得可以量化。我们采用久期和凸度来量化长寿风险。基金经理可以使用我们制定的预期寿命久期（duration）和凸度（convexity）指标对保单进行分类，并提高保单贴现基金达到预期回报率的可能性。提高保单贴现投资组合的预测准确性回报，将有助于更好的定价和增加市场的流动性。

概述

老年人寿保单贴现是指人寿保险单的所有者将保单出售给购买者的行为，该购买者承担保单的保费缴纳义务以换取其成为该保单的受益人。[1] 保单贴现业务可以使保单的所有者（个人或公司）避免保单失效或退保，保持保单继续有效。

我们对保单贴现市场的贡献是为保单贴现机构和投资者提供有效的指标工具。该工具使他们能够了解不同保单贴现合同的收益率，在多大程度上会随着被保险人的实际寿命与预期寿命的偏差而变化。我们揭示了长寿风险对收益的影响，是取决于构成保单贴现池的每份寿险保单的特性。在被保险人的实际寿命、预期寿命和价格之间存在的不仅仅是简单的权衡。换句话说，如果被保险人存活超过预期寿命一年，并非所有保单贴现的合同都会失去相同的价值。如果两个 65 岁男性人寿保险单的价值是相同的，并且被保险人的预期寿命均为 5 年，但是，由于年度保费与身故保险金的比率（我们称为 α 的比率）不同，则需要基于实际寿命与预期寿命的差额，分别重新评估保单贴现价值。

2006 年 10 月 2 日的富兰克林·邓普顿累计返费基金的招股说明书的摘录内容，说明了我们在此提出的指标的价值。随着信息量不断增加，寿险保单交易市场的流动性随之增加（欧洲用于保单贴现的术语），像邓普顿这样的基金将能够增加他们在这个市场的资产配置。

人寿保单贴现投资。富兰克林·邓普顿累计返费 FDP 基金可投资于保单贴现，此类投资交易即以超过其现金退保价值但低于保单可支付净值的价格，向第三方（如基金）出售现有人寿保险合同。当基金购买此类合同时，它会支付保单的保险费，以换取预期作为保单受益人的收益。投资这些保险合同涉及某些风险，包括流动性风险、保险公司的信用风险以及被保险人（贴现人）预期寿命的不准确估计。这些保单本身被认为是不具有流动性的，所以需要通过保单贴现代理在二级市场上进行交易。因此，基金对保单贴现的投资，受基金对非流动性证券投资的限制。此外，如果投资保单的所属保险公司破产，基金在这类保单上的投资收益将会减少甚至没有收益。本基金通过投资各种高评级保险公司签发的保单，来最大限度地降低信用风险。此外，如果对被保险人的预期寿命有不准确的估计，基金可能会遭受损失。本基金计划采用以下措施降低预期寿命风险：①仅投资由资深精算师审查过寿命预期的保险合同；②对不同年龄和不同健康状况的贴现人*进行多样化组合。

（FD 系列公司，富兰克林·邓普顿累计返费 FDP 基金，

招股说明书 2006 年 10 月 2 日）

在下一节中，我们将简要描述老年人寿保单贴现合同市场的概况。我们还将论述老年人寿保单贴现市场的综合规划，然后说明如何采用寿命久期和凸度管理长寿风险，以构建保单贴现组合。

人寿保单贴现市场结构

寿险交易有限公司（Life Exchange，Inc.，LFXG. OB）是一家上市公司，它开发了一个基于互联网的人寿保单交易系统，从而将保单贴现经纪人和保单贴现供应商汇集在一起，使人寿保单贴现交易成为可能。

保单贴现交易场所使得保单贴现经纪人从保单贴现机构那里获得人寿保险单的出价成为可能，它还使保单贴现机构能够在拍卖中竞标符合其投资标准的保单。保单贴现交易公司（Life Settlement Exchange）是一家新公司（从2007 年第二季度开始运营），因此尚未对保单贴现市场产生影响。保单贴现交易公司和其他保单贴现交易场所都将为贴现市场增加重要的透明度。交易场所将向卖家保证，他们的保单将在竞争性拍卖中出售，并将吸引最优价格。

在典型的保单贴现交易中，个人在私人财务顾问建议下，将人寿保单出

---

* "贴现人"（viator）一词是指销售人寿保险单的人。保单贴现的前身是终末期疾病贴现，即一个被诊断患有绝症并且预期寿命少于两年的人，以超过其现金价值的价格出售其人寿保险单。最初，市场是为确诊感染艾滋病毒或患有艾滋病的人提供资金来源。自从这些疾病引入新的治疗方法以来，专家准确预测寿命预期的能力已经严重降低，因此，保单贴现市场已成为除了艾滋病毒/艾滋病以外的终末期疾病患者的宝贵选择，例如心脏病和癌症患者。——译者注

售给保单贴现机构，如考文垂（Coventry）、寿险贴现方案有限公司（Life Settlement Solutions）或寿险伙伴控股有限公司（Life Partners Holdings, Inc.）等[2]。经纪人为保单持有人服务，代表保单持有人向保单贴现机构征求保单的投标。保单贴现机构和经纪人都必须在卖方的所在州获得经营许可。

作为成功的保单贴现机构，需要具备以下要素：①具备资本市场上进行融资的能力或者有机构资金的稳定来源；②与保单贴现经纪人建立深层而广泛的联系；③具备在购买后准确评估保单和后续服务的能力。

保单贴现机构可以直接使用机构的资金代表机构投资者购买保单，也可以在自己的资产负债表上为保单的积累提供资金，然后将其出售给在资本市场上投资的实体。例如：伊斯特波特金融有限责任公司（Eastport Financial, LLC）就是一个特殊目的载体（SPV）；保单贴现基金 A 系列（Life Settlements Fund A）属于圣文森特和格林纳丁斯的投资基金；蒙特卡特养老基金（Pensioenfonds Metalektro），是一家荷兰养老基金公司[3]；洛斯公司（Loews Corpoation），一家通过其 CNA 子公司投资的多元化控股公司；美国国际集团（AIG），是一家跨国多领域保险公司[4]；新资本有限公司（New Stream Capital, LLC），为一家对冲基金公司[5]。

虽然在报刊上我们经常看到，对冲基金公司是保单贴现和相关证券的重要投资人，但事实上，对冲基金并没有公开它们的实际投资组合。随着更多对冲基金面临对次级抵押贷款及其衍生品投资的诉讼，这种情况可能会发生变化。

作为供应商的保单贴现机构，可以在将保单出售给投资基金之前，充当保单贴现合同的中转站。它们还可以作为机构和个人投资者代理购买。寿险伙伴控股有限公司（Life Partners Holdings, Inc.）是一家上市公司，其股票在纳斯达克股票市场上交易，股票代码为 LPI。[6]它是其客户的采购代理人，也是三家保单贴现基金的顾问，其中之一就是保单贴现基金 A 系列（Life Settlements Fund Series A），于 2007 年 8 月发行。

寿险贴现方案有限公司（Life Settlement Solutions, Inc.）是一家私营保单贴现机构，为二级市场中有兴趣出售保单的保单持有人和机构投资人之间架起了桥梁。他们寻找符合机构客户投资标准的人寿保险保单，筛选由保单贴现经纪人通过网络提供的保单，一方面促成人寿保险单的持有人与机构投资者之间达成交易，另一方面他们用机构投资者的交易账户直接购买保单。保单可以在货币市场上获得资金，也可以通过保单贴现合同中的最终投资者的贷款或投资来获得资金。交易完成后，保单贴现机构还继续为保单提供服务和管理。有趣的是，他们贴现资金的其中一个来源是由银行赞助发起的资产支持商业票据计划。虽然保单贴现的实际表现可能与其他资产类别的收益率无关，但投资该行业的资本还是一样的。保单贴现合同的市场价值取决于保单贴现机构可用资金来源的深度和流动性。如果资金的市场价格比较昂贵，将会对合同的定价产生影响，正如 FNMA 的资本成本影响抵押贷款的收益率一样。

最大的保单贴现机构是考文垂（Coventry），但它是一家私营公司，因此无法获得有关其运营和财务的信息。

寿险伙伴控股有限公司（Life Partners Holdings，Inc.）估计其占据了2006 年 50 亿美元保单贴现市场中的 3%。截至 2007 年 2 月的财政年度，该公司实现了 151397400 美元（即 1.51 亿美元）的保单贴现交易额，签订了220 份合同。[7]

目前保单贴现市场的实际规模只是其潜在市场规模的一小部分，而这更是人寿保险市场规模的一小部分。截至 2006 年底，个人人寿保险单的保单金额为 10.056 万亿美元。根据美国人寿保险协会（American Council of Life Insurers）2007 年白皮书显示，2006 年有 1.6% 的未偿还个人人寿保险单（价值 1407.91 亿美元）已被退保，即兑付其现金价值。我们不知道 65 岁以上健康受损的老年人的退保量占比多大，这类人群可能通过在人寿保单贴现市场上清算其保单来提取更多价值。当然人们也有可能会让保单失效。根据同一消息来源，2006 年个人人寿保险的失效率为 4.9%。同样，重要的是要知道这 4.9% 失效率中的健康受损的老年人保单占比是多少。失效保单是保单贴现合同的另一个重要来源。保单贴现市场潜力的开发程度取决于财务规划师的宣教成果。可以肯定的是，许多 65 岁及以上的被保险人并不知道他们的保单作为可贴现保险合同的价值。来福合伙控股公司估计目前人寿保单贴现市场的交易量为 25 亿美元（截至 2006 年 2 月 28 日财政年度的 10 - KSB 表格，LPI）。离岸基金提供了对人寿保单贴现市场运作的最大洞察力。这些基金可以提供发行备忘录。它描述了基金投资保单的各个方面，包括运作过程和目标收益率。我们总结了一些基金，以全面了解保单贴现合同提供的投资机会。我们描述的所有资金都位于离岸司法管辖区，不对其征收任何所得税或投资税。这对于保单贴现基金来说非常重要，因为它可以获得全部收益，即获得身故保险金及其所产生的投资收益。随着被保险人年龄的增长，保单贴现合同也会升值。当基金位于有利的税收管辖区，如马恩岛、圣文森特和格林纳丁斯、开曼群岛、巴哈马或根西岛，保单贴现资金的收入无论是以资本利得还是利息的形式都不征税。

2006 年，财务会计准则委员会（FASB）发布了 FSP FTB 85-4-1。FASB 会计指南改变了公司对保单贴现合同投资的方式。投资者可以使用投资法或公允价值法计算其在人寿保单贴现合同中的头寸（款项）。在 FSP FTB 85-4-1 之前，必须根据 FASB 技术公告 85-4 对保单贴现合同的投资进行核算。这迫使投资者在投资当日支付现金退保价值与保单贴现价格之间的差额。这一直是负数，因为保单贴现合同的购买价格总是高于其现金退保价值。因此，投资者不得不计入一项即时投资损失。

当选用投资方法时，投资者以交易价格记录，并将所有与投资保单贴现合同相关的预期成本（主要是未来的保费）资本化。当支付身故保险金时，投资者会记录保单的账面价值与死亡收益之间的差额。如果投资者意识到保单贴现合同已经减值，必须写入保单的公允价值。保险公司的长寿风险增加或信用风险增加可能导致保单减值。被保险人的死亡率假设或保险公司的信用质量发生重大变化，导致身故保险金的预期价值减少，不足以覆盖承担保单贴现的资本化成本和未折现的边际成本（额外的保险费），最终损害保单贴现合同的收益。

当选择公允价值法时，投资者以交易价格记录初始投资，然后定期重新评估头寸，根据其公允价值发生的情况进行加减调整。保单贴现合同的公允价值变动计入收益报告。

封闭式基金可能有最终赎回日期（当基金回购份额时），或基金开始向投资者分配收益的日期。如果基金持有的份额有市场，投资者就可以卖出它们。开放式基金可能会在身故保险金开始按预期汇率流入之前，收取高额赎回费用。如果能够用新的贴现人寿保险合同补充到期合同，这些基金便可以达到稳定状态。通过这种方式，他们可以发行新的份额以兑换待赎回的份额。

如果投资者试图在达到稳定状态之前赎回份额，基金将不得不借入资金或清算合约。投资者将被收取提前赎回费用以抵消这些成本。基金通常会在其发行和营销材料中引用预期或目标收益率范围。例如，一只基金可能会在 7 年内推出 7% ~ 12% 的预期年化收益率。基金经理必须与他们的投资顾问合作，投资顾问又与保单贴现机构合作，选择那些可以满足市场收益率的保单。只有到了投资者可以出售或赎回的日期，才得以实现目标收益。

维亚资源（Via Source）是一家美国投资咨询公司，与位于格恩西岛的一家 EEA 保单贴现基金（开放式的受保护单元型公司）合作。EEA 保单贴现基金将基金分为不同的单元，每个单元拥有不同的资产，有自己的责任，不受到其他单元的债权人的影响。

欧罗拉固定收益基金（Aurora Defined Benefits Fund）的发行文件规定了8% 的目标回报率。欧罗拉固定收益基金是由私人客户投资组合管理的保单贴现基金，是一家在开曼群岛成立的开放式多类投资基金。在其招股说明书中，它设定了每年 7% ~ 12% 的目标年化收益率。该基金寻求超越 5 年期国债收益率 200 + 基点。该基金的赎回费每年下降 1%，从买入后一年内赎回份额的7% 降至 7 年后赎回的 0。这就意味着目标回报周期是 7 年。

乌托邦寿险保单交易基金（Utopia TLP Fund，PLC）在其发行文件中声明，其每年净回报率为 9% ~ 12%。该基金不分配任何收入，收到的所有收益都是累积的。份额可在交易日兑换，并在一个月内通知其资产净值。所有寿险保单贴现基金的回报波动源于收到身故保险金时的不确定性，以及收益日期确定前还必须支付多长时间的保费。乌托寿险保单交易基金通过购买寿命延长风险保险来管理长寿风险，这种方式或被称为"过度运行"（over run）。他们购买了来自信天翁投资公司（Albatross Invest SPA）的 1500 万美元保额的保险，为此支付了 90 万美元的费用。当被保险人的平均寿命超过预期寿命两年时，该保险就会得到赔付。

定额回报基金的安全等级使用止损保险来管理超过某一阈值的长寿风险。人寿保单贴现基金通过提前赎回的高额惩罚性费用和高申购费用来锁定投资者资本。例如，如果份额在基金的 5 年到期日之前被赎回（退出费用），则该基金的赎回费用如下：

- 第 0 ~ 1 年 = 8%

- 第 1 ~ 2 年 = 6.4%
- 第 2 ~ 3 年 = 4.8%
- 第 3 ~ 4 年 = 3.2%
- 第 4 ~ 5 年 = 1.6%
- 第 5 年及以上 = 0

那些愿意为包含预期寿命风险的非流动性证券提供资金的投资者，可以获得可观的收益。保单贴现投资组合收益率，由维持保单有效所需要的保费融资成本与身故保险金之间的差额确定。人寿保单贴现基金使用更多杠杆，能够提高其收益率。当然，杠杆率的增加，会增加财务风险和收益率波动。如果杠杆基金资产的加权平均预期寿命在很大程度上超出预期，则该基金可能难以滚动。因为缴纳保费所产生的债务，将被迫清算保单贴现合同。由于保单贴现市场缺乏流动性，强制出售保单几乎肯定会降低基金资产的价值。人寿保单贴现基金中的资产是按模型而非按市场计价的。

在大型的投资组合中，被保险人预期寿命变化较小。保单贴现组合中，要使长寿风险最小化，最有效方法是增加保单贴现合同数量。我们制定的预期寿命久期（LE 久期）和凸度（LE 凸度）指标，并不能取代大数法则的效力。这些指标可以帮助投资经理选择最理想的寿险保单，而这需拥有足够大的数量。相对于采用期望寿命简单选择保单的基金经理而言，使用 LE 久期和 LE 凸度（后面在方法学部分描述）作为选择标准的基金经理人，如果要取得相同的长寿风险等级的话，只需要较少的保单贴现数量。

假设有两个财务经理，其中一个采用 LE 久期和 LE 凸度作为投资标准，即使这两个财务经理使用相同的医学损伤死亡率表和相同的杠杆水平，他们选择的贴现保单也会不同。

寿命延长风险，也称为长寿风险，在保单贴现合同及其投资组合中的，是投资者必须衡量和管理的主要风险，以能获取预期回报。流动性风险也是保单贴现投资中定价和管理的基本风险。在二级市场上销售时，被保险人当前的预期寿命，通常低于承保时采用的死亡率表来进行预测的寿命。[8] 这是由于被保险人的疾病和损伤导致预期寿命减少，从而开启了买方（保单贴现机构）与人寿保险单卖方（贴现人）之间交易的可能。预期寿命的缩短，反过来降低了为保持保单有效而必须缴纳的预期保费，并使预期身故保险金产生的日期向前推移。保单贴现行业,正在改变人寿保险公司的定价行为,包括对保险合同组合的核保决策和价值评估。一度可以放弃的保险合同,现在将在保单贴现市场被清算。保单贴现合同的价值是基于贴现人的预期寿命,而预期寿命又取决于他/她的年龄和健康状况。[9]寿险保单贴现的估价,是通过对已支付的保费、贴现者的预期寿命和贴现者死亡时获得的身故保险金进行计算来实现的。如果贴现者的寿命超过预期寿命,则投资人需要在较长时间内支付保费,并且需要更长时间才能获得身故保险金。被保险人的寿命延长或实际寿命超过预期寿命,将降低保单贴现的收益。保单贴现机构采用经过调整的死亡率表来评估保单贴现合同,以解释被保险人疾病/损伤影响保单价值的各种表现形式。他们使用这些表来计算相关被保险人的预期寿命和保费支付的预期值。这些表格还可用于预估贴现保单组合的现金流,从何时开始产生正向现金流。预期寿命和保费缴纳现金流的评估,还可以用于计算保单贴现合同的现值。我们收录了 2005 年兰斯顿大西洋保单贴现基金(Lansdown Atlantic Life Settlement Fund)招股说明书的摘录。[10]

2005 年,由德勤咨询公司(Deloitte Consulting,LLP)和康涅狄格大学(University of Connecticut)联合发布的题为“保单贴现市场:消费者经济价值的精算视角”的报告,指出:对于保单持有人来说,维持保单持续有效并清算其他的金融资产以获得资金,是一个更好的选择。虽然作者认识到保单贴现市场的价值,但他们也表明对卖方来说,大多数保单贴现交易往往效率低下。哈尔·J. 辛格和艾瑞克·斯托拉德(Hal J. Singer and Eric Stallard,2005)表达反对意见,他们认为:该报告是基于错误的假设和分析得出的,其中一项评论关于报告中使用的折现率是无风险利率,目的是为了找出寿险保单的内在经济价值。他们认为这个比率是不合适的,使用反映保单持有人拥有的保单或其他资产的借贷成本的利率更有意义。相对于认为身故保险金比当前收入价值更高的人来说,或认为当前收入比未来收入价值更高的人来说,就应该使用更高的折现率。显然,只有考虑到折现率的假设,才可能做出合适的决定:在二级市场上出售保单,或是继续持有保单。

EPIC 保单贴现基金(EPIC Life Settlement Fund)和兰斯顿大西洋保单贴现基金(Lansdown Atlantic Life Settlement Fund,PLC),是专门为人寿保险合同贴现池提供资金的两家马恩岛投资公司。后者的说明书将该基金的投资目标定为"净年回报率10%～14%。"而EPIC基金的净年回报率为8%。我们提供了兰斯顿大西洋保单贴现基金的发行摘要，该摘要描述了如何计算基金的净资产价值：

基金的资产将按照以下条款进行估值：

a）任何交易寿险保单（TLP）的价值将根据TLP市场的一般公认估值原则计算。目前，董事们在精算建议后选择采用标准精算技术来评估交易寿险保单。这些保单将由精算师单独估价，评估需要的信息包括：i）身故保险金；ii）在保单缴费期间维持每份保单应缴的保费。由于这两个值都取决于保单贴现未知的时间长度，因此将使用假定的死亡率来估计预期值。死亡率假设将根据有资质的医师对预期寿命的专业建议来选择。寿命评估根据此假设，将在每个未来保单缴费期间支付保费，然后以适当的利率折现以将其转换为当前等价金额。

计算了两组预计现金流的总价值后，每份保单的价值将等于i）减去ii），代表保单的预期收入扣除拥有保单的预期成本。

（Lansdown Atlantic Life Settlement Fund PLC
提供文件，2005年10月24日）

方法学

查尔斯·A. 斯通（Charles A. Stone）和安妮·齐苏（Anne Zissu）于2006年发明了LE久期（life-extensions duration，或称预期寿命久期），修正LE久期和LE凸度（life-extensions convexity，或称预期寿命凸度），用来描述和分析老年保单贴现的长寿风险。在本章中，"LE"代表"预期寿命"。使用保单贴现机构拥有的信息库，我们发明和修正了LE久期和LE凸度。这些指标在保单贴现合同或投资组合的价值对预期寿命偏差的敏感程度方面提供了信息。通过给定贴现者的寿命与其预期寿命的百分比变化，LE久期衡量一个保单贴现方案的价值变化的百分比。修正LE久期衡量的是保单贴现价值的百分比变化，给定的是一个贴现人的预期寿命的变化，而不是百分比的变化。保单贴现机构积累寿险保单贴现合同，将获得有关基础保险单中各种参数的信息。保单贴现池中的投资者和贴现基金的债权人，都要求估计预期收益。预期收益率取决于这些人寿保险合同中的所有被保险人的加权平均预期寿命。如有此类无法实现收益的风险，可以通过 LE 久期和 LE 凸度度量。了解修正 LE 久期和 LE 凸度，将帮助投资者和债权人更好地管理其保单贴现投资组合。

下一节概述了斯通—齐苏（Stone – Zissu）模型。我们将论述一个典型的老年保单贴现池，采用 LE 久期、修正 LE 久期和 LE 凸度来测量这个贴现池的长寿风险。使用这些测量结果，在不同保单贴现池之间进行选择的投资者，将能够评估被保险人的长寿风险中的哪些要素变化更为敏感，高于还是低于初始预期寿命。这是为寿险保单贴现合同和个人人寿保险单找到一致价格的第一步。

LE 久期和 LE 凸度

老年人寿保险贴现的估值 $V(sls)$ 是通过对每年年底支付的保险费 P 和保单贴现人死亡时收取的身故保险金 B 进行折现来获得的。简单来说，假设平坦的收益率曲线，折现率为 r，估值基于 t 年的预期寿命。

$$V(sls) = -P\left[\frac{1}{(1+r)^1} + \frac{1}{(1+r)^2} + \cdots + \frac{1}{(1+r)^t}\right] + \frac{B}{(1+r)^t} \quad (11.1)$$

公式（11.1）可以改写为：

$$V(sls) = -P\left[\frac{1}{r} - \frac{a^t}{r}\right] + Ba^t \quad \text{where } a = \frac{1}{(1+r)}$$

重新安排后，我们有：

$$V(sls) = a^t\left[\frac{P}{r} + B\right] - \frac{P}{r} \quad (11.2)$$

我们现在可以得到方程（11.2）的一阶导数相对于 t 的变化：

$$\frac{dV(sls)}{dt} = \left[\frac{P}{r} + B\right]a^t\ln(a) \quad (11.3)$$

并且，在将一阶导数乘以 t 后，除以保单贴现的估值，我们得到 LE 久期（LE-duration）：

$$LE\text{-}duration = \frac{\left[ta^t (P + rB) \ln(a) \right]}{\left[a^t (P + rB) - P \right]} \tag{11.4}$$

LE 久期是负的，这意味着保单贴现人的寿命越长，超出预期寿命越多，老年保单贴现合同将损失的价值越高。

保单贴现价值相对于时间变化的百分比变化，而不是相对于时间百分比的变化，修正 LE 久期是通过将 LE 久期除以 t 得到的：

$$modified\ LE\text{-}duration = \frac{\left[a^t (P + rB) \ln a \right]}{\left[a^t (P + rB) - P \right]} \tag{11.5}$$

老年保单贴现池中的投资者可以使用修正 LE 久期来评估贴现池对寿命延长 dt 的敏感度 $[\% \Delta V(SLS)]$：

$$[\% \Delta V(SLS)] = \frac{\Delta t \left[a^t (P + rB) \ln(a) \right]}{\left[a^t (P + rB) - P \right]} \tag{11.6}$$

给定由于寿命延长或减少（t）引起的时间变化的池的 $[\% \Delta V(SLS)]$ 的百分比变化等于池的修正 LE 久期乘以寿命延长/减少年数 t。

例如，对于延长两年的寿命，$t=2$，池的寿命延长敏感度 $[\% \Delta V(SLS)]$ 的变化将等于：

$$[\% \Delta V(SLS)] = 2 \frac{\left[a^t (P + rB) \ln(a) \right]}{\left[a^t (P + rB) - P \right]} \tag{11.7}$$

固定收益证券的凸度衡量久期相对于利率变化的变化率。随着证券的凸度增加，久期相对于收益率变化的精确范围减小。通过将凸度的值与久期的值相加，可以校正凸度对久期精度的影响。LE 凸度是通过将老年保单贴现价值的相对于预期寿命二阶导数除以老年保单贴现的值来获得的：

LE 凸度：

$$\frac{d^2 V(SLS)}{dt^2} = \frac{\left(\dfrac{P}{r} + B \right) a^t \left[\ln(a) \right]^2}{a^t \left(\dfrac{P}{r} + B \right) - \dfrac{P}{r}} \tag{11.8}$$

结果是正凸度，这意味着保单贴现人的寿命比预期寿命更长，贴现价值会以越来越快的速度下降。

结果

我们现在描述表 11.1 中的变量，即保单贴现提供者或投资者可以用来评估保单或保单池。

表 11.1　　　　　　　老年人寿险保单贴现的描述

报告日期：	2006 – 11 – 29
面值：	10000000 美元
性别：	男
年龄：	86
出生日期：	1927 – 09 – 21
所在州：	纽约
保险公司名称：	Prudential
保单类型：	万能险
保险公司评级：	A +
保单签发时间：	2006 – 06 – 30
有效年限：	2
未偿还的保单贷款：	0
当前退保现金价值：	30000 美元
年度保费：	500000 美元
首次报告预期寿命年数：	4
首次报告预期寿命月数	70
LE 供应商：	XYZ

　　注：报告日期：表 11.1 中所有数据的报告日期，非常重要，这是对贴现者的预期寿命报告日期。如果报告日期在我们查看数据 6 个月之前，则必须重新评估预期寿命。

　　面值：表示受益人在贴现人死亡时获得的身故保险金数额。

　　性别：保单贴现人的男性为 M，女性为 F。

　　年龄：报告日期时的保单贴现人的年龄。

　　出生日期：保单贴现人的出生日期。

　　所在州：保单贴现人的居住地。

　　保险公司名称：签发保单的保险公司。

　　保单类型：UL（万能险）、终身寿险、赠与险［当被保险人年满 100 岁时，终身保险单旨在满期（赠与）］、可调寿险。

　　保险公司评级：签发保单的保险公司的评级。这是重要的信息，因为贝氏要求提供人寿保险的保险公司必须具有"B+"或更高的财务强度等级（FSR），以便将相应的保单贴现纳入要证券化的资产池中。

保单签发日期：保险公司签发人寿保险单的日期。

有效年限：自保单签发已经经过的年数。

未完成的保单贷款：保单贴现人可以用他/她的保单进行贷款，因此需报告任何借入而未偿还的金额。

当前退现现金价值：现金退保价值也称为现金价值。实收保费的累计值超过了实际支付保单费用。

年度保费：每年向人寿保险公司缴纳的保费金额。一旦该保单被委托给保单贴现公司，该公司将代替保单贴现人进行保费缴纳。

首次报告预期寿命年数：保单贴现人的预期寿命，以年为单位。可能会有更多报告。

首次报告预期寿命月数：一份报告中首次评估保单贴现人的预计寿命，以月为单位。

LE 提供者/实验室：提供医学检查和寿命预测的机构。

表 11.1 是关于保单贴现的实际情况的一个例子（包括与我们的分析相关的参数）。

投资经理从保单贴现公司购买老年贴现保单产品包。一个典型的产品包可能包含 40~60 份贴现保单产品，总面值为 1.5 亿~2 亿美元。每个保单贴现结算如表 11.1 所示。

在分析一系列老年保单贴现产品池之前，我们首先看一下表 11.1 中的贴现保单，具有以下特点：面额 1000 万美元，每年保费 5 万美元，预期寿命 4 年。

使用公式（11.5）和公式（11.8），我们计算了一系列折现率（第 1 列）的修正 LE 久期（第 2 列）和 LE 凸度（第 3 列），如表 11.2 所示。

表 11.2   **LE 久期和 LE 凸度**

折现率 r	修正 LE 久期	LE 凸度
0.03	0.0996732597	0.00295
0.04	0.1120340279	0.00439
0.05	0.1243863681	0.00607
0.06	0.1367343440	0.00797
0.07	0.1490820432	0.01009
0.08	0.1614335819	0.01242

折现率 r	修正 LE 久期	LE 凸度
0.09	0.1737931096	0.01498
0.10	0.1861648150	0.01774
0.11	0.1985529305	0.02072
0.12	0.2109617379	0.02391
0.13	0.2233955737	0.02730
0.14	0.2358588349	0.03090
0.15	0.2483559848	0.03471

表 11.2 的解释如下：如果保单贴现人的寿命比预期寿命多出一年，表 11.1 的保单贴现价值（如果预期寿命为 4 年）将降低 12.43%，折现率为 5%。如果保单贴现人实际寿命比预期寿命高出两年，那么该值将减少 200%。在这种情况下，我们必须重新添加从修正 LE 久期获得的新值，即由于预期寿命导致的保单贴现价值的百分比变化（我们定义为：LE 凸度引发保单价值变化率），这就是老年保单贴现的价格与预期寿命比值曲线的曲率。

LE 凸度引发保单价值变化率计算如下：

$$\left[\%\,\Delta V(SLS)\,due\ to\ LE\text{-}conv\right] = \frac{1}{2}\frac{\left[\dfrac{P}{r}+B\right]a^{t}\left[\ln(a)\right]^{2}}{a^{t}\left(\dfrac{P}{r}+B\right)-\dfrac{P}{r}}(\Delta t)^{2} \quad (11.9)$$

在表 11.3 中，我们使用公式（11.1）计算了一系列折现率的老年人寿保单贴现结算的初始值，这在第 2 栏（LE 时的价值）中有显示。仍然使用等式（11.1）计算老年保单贴现结算的价值，比高达四年的初始预期寿命长两年，这显示在第 3 列（LE + 2 时的价值）中。最后，在第 4 列（LE 久期 + LE 凸度的新值）中，我们使用的不是等式（11.1）而是等式（11.5），计算修正 LE 久期；再使用等式（11.8）计算修正 LE 久期和 LE 凸度，两者相加，计算出寿险保单在预期寿命以上两年区间的老年保单贴现的价值。

表 11.3 　　　　　　　　　　LE 时的价值和 LE + 2 时的合同价值

折现率 r	LE 时的价值	LE + 2 时的价值	LE 久期 + LE 凸度的新值
0.03	7026321.278	5666246.845	5667050.794
0.04	6733094.298	5282076.829	5283594.115
0.05	6454049.496	4924307.933	4926795.019
0.06	6188383.826	4590943.241	4594664.795
0.07	5935346.492	4280152.408	4285375.322
0.08	5694235.108	3990256.437	3997245.022
0.09	5464392.172	3719713.974	3728726.141
0.10	5245201.83	3467108.951	3478393.223
0.11	5036086.897	3231139.434	3244932.654
0.12	4836506.111	3010607.55	3027133.177
0.13	4645951.614	2804410.38	2823877.264
0.14	4463946.621	2611531.719	2634133.283
0.15	4290043.275	2431034.612	2456948.368

在图 11.1 中，我们列出了表 11.3 的第 2 列、3 列和 4 列，可以观察到：由于保单贴现人预期寿命增加两年而导致的贴现价格的变化，无论是用等式（11.1）计算第 3 列（LE + 2 时的价值），还是使用等式（11.5）和等式（11.8）计算第 4 列（LE 久期 + LE 凸度的新值），在不同折现率情况下，第 3 列和第 4 列是完全重叠的，也就是说，预期寿命曲线的向下移动（向左）是相同的。

在表 11.4 中，我们分析了 13 个具有不同保额、年保费和预期寿命的老年保单贴现投资组合，总面值为 8200 万美元，收益率为 5%。基金经理设定收益率目标，然后选择贴现保单来实现收益。

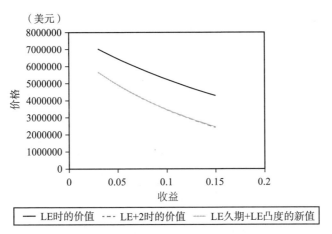

（美元）

图 11.1　保单贴现价格—收益曲线

表 11.4　　　　　　　　　　　　保单贴现池的价值

保额 （美元）	年度保费 （美元）	LE	LE 时的值 （美元）	LE＋2 时的值 （美元）	LE＋2 的% dv	LE－凸度	(1/2)Conv （dt）^2	T－久期＋凸 度的新值 （美元）
10000000	500000.00	4	6454049.50	4924307.93	－0.2370	0.00607	0.0121376626	4926795.02
15000000	700000.00	5	8722258.83	6609758.57	－0.2422	0.00620	0.0124027242	6613193.12
5000000	200000.00	2	4163265.31	3404322.27	－0.1823	0.00467	0.0093352162	3405556.18
2000000	50000.00	7	1132043.99	933826.75	－0.1751	0.00448	0.0089665921	934149.01
1000000	75000.00	5	458815.42	276703.33	－0.3969	0.01016	0.0203259132	276999.41
3000000	150000.00	6	1477292.38	1061036.17	－0.2818	0.00721	0.0144292432	1061712.93
6000000	200000.00	3	4638375.99	3835261.66	－0.1731	0.00443	0.0088666733	3836567.38
8000000	350000.00	4	5340537.12	4193230.95	－0.2148	0.00550	0.0110012917	4195096.26
1000000	100000.00	5	350578.50	132043.99	－0.6234	0.01596	0.0319215548	132399.29
4000000	200000.00	8	1414714.90	911306.03	－0.3558	0.00911	0.0182222174	912124.48
10000000	450000.00	3	7412914.37	5886997.16	－0.2058	0.00527	0.0105412296	5889478.03
7000000	250000.00	2	5884353.74	4872429.70	－0.1720	0.00440	0.0088064004	4874074.91
10000000	400000.00	5	6103471.00	4792263.94	－0.2148	0.00550	0.0110012917	4794395.73

加权平均修正 LE 久期（wa-modified-LE duration）是通过将每个保单

贴现结算的久期乘以其对应的值，除以整个池的值，并将几个贴现保单中的结果相加得到的（在我们表 11.4 的例子中为 13 个），如等式（11.10）所示：

$$wa\text{-}modified\text{-}LE\text{-}duration = \sum_{i=1}^{n} \frac{V(sls)_i}{V(SLS)}(modified\ LE\text{-}duration)_i$$

$$(11.10)$$

加权平均 LE 凸度（wa-LE-convexity）是通过将每个贴现保单的凸度乘以其对应的值，将其除以整个池的值，并将每个贴现保单的结果相加得到的（如表 11.4 例子中为 13 个），如等式（11.11）所示：

$$wa\text{-}LE\text{-}convexity = \sum_{i=1}^{n} \frac{V(sls)i}{V(SLS)}(LE\text{-}convexity)_i \qquad (11.11)$$

我们发现，13 个贴现保单投资组合的加权平均修正 LE 久期等于 −0.11484，加权平均 LE 凸度等于 0.0056。

池的总初始值为 53552671.03 美元，如果预期寿命延长两年以上，池的新值如下：

$$Value\ at\ LE + 2 = 53552671.03[1 - 0.11484(2) + (0.5)(0.00560)(2)2]$$
$$= 41852541.76（美元）$$

它对应于表 11.4 第 9 列中的结果总和。

在图 11.2 中，我们绘制了表 11.4 中的第 4 列、第 5 列和 9 列。可以观察到，由于寿命增加了两年，13 个贴现保单的价值发生变化。结合方程，无论是用等式（11.1）计算第 5 列，或者按照等式（11.5）和等式（11.8）的组合计算第 9 列，第 5 列和第 9 列完全重叠，如图 11.2 所示。初始预期寿命（第 4 列）的 13 个贴现保单的值是尖峰曲线。

在描述保单贴现时，保单贴现行业的常见说法是将保费（P）和面值（B）称为比率（P/B）。例如，年度保费为 60000 美元，面值为 100 万美元的终身寿险保单（身故保险金 B）可称为 6% 的寿险保单，我们把这个比例称为 α。

在表 11.5 中，我们计算了 α 和 LE 区间范围内修正 LE 久期，其中 α 对应于年度保费 P 与面值 B 的比率，修正 LE 久期是通过将等式（11.5）中的 $\frac{P}{B} = \alpha$ 替换而获得的如下：

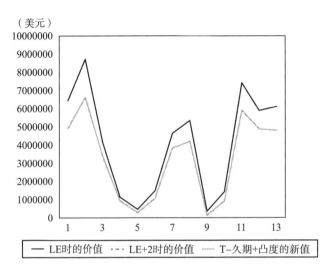

图 11.2 LE 和 LE + 2 时保单贴现池的价值

$$Modified\ LE\text{-}duration = \frac{\left[a^{t}B(\alpha + r)\ln(a)\right]}{a^{t}B(a + r) - \alpha B} \quad (11.12)$$

表 11.5 不同 α 和 LE 范围的 LE 久期

α/le	1	2	3	4	5	6	7	8	9	10	11	12
2%	−0.07	−0.07	−0.07	−0.08	−0.08	−0.08	−0.08	−0.08	−0.09	−0.09	−0.10	−1.00
3%	−0.08	−0.08	−0.09	−0.09	−0.09	−0.10	−0.10	−0.11	−0.09	−0.13	−0.14	−0.15
4%	−0.09	−0.09	−0.10	−0.11	−0.11	−0.13	−0.13	−0.14	−0.16	−0.18	−0.20	−0.24
5%	−0.10	−0.11	−0.12	−0.12	−0.14	−0.17	−0.17	−0.19	−0.22	−0.26	−0.34	−0.48
6%	−0.11	−0.12	−0.12	−0.12	−0.16	−0.21	−0.21	−0.25	−0.32	−0.44	−0.73	−2.39
7%	−0.13	−0.14	−0.15	−0.17	−0.19	−0.27	−0.27	−0.35	−0.51	−0.98	−21.19	1.03
8%	−0.14	−0.15	−0.17	−0.19	−0.23	−0.36	−0.36	−0.54	−1.08	20.36	0.93	0.46
9%	−0.15	−0.17	−0.19	−0.22	−0.27	−0.31	−0.31	−0.97	−17.95	1.04	0.49	0.32
10%	−0.16	−0.18	−0.21	−0.26	−0.33	−0.79	−0.79	−3.25	1.43	0.57	0.35	0.25

图 11.3 表示的是一系列修正 LE 久期，预期寿命从第 1 年到第 7 年，α 的取值范围从 6% ~ 9%。α 等于 6% 时形成顶部曲线，相对于底部曲线（α

等于9%）的保费较小。我们可以观察到，保单贴现存在一个修正久期，它随着预期寿命的增加（绝对值）而增加，而且绝对值的增加随着 α 的增大而增加。这意味着相对于面值而言，保费越高，修正 LE 久期越长，预期寿命越长。

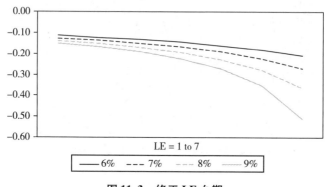

图 11.3　修正 LE 久期

结论

在《战略资本资源报告》中，艾瑞资本合伙公司（Emeritus Capital Partners, LLC）描述了其保单贴现投资组合的结构。该报告概述了进行保单分类的方向，即积累平均保单费率每年4%（本章中称之为 α），平均预期寿命为8年的保单，实现11%的年化收益率目标。许多基金采用这种保单分类以满足指定目标。我们采用的 LE 久期和 LE 凸度指标，可以应用于为保单贴现公司和投资者所用，通过对保险产品或衍生工具的测量方法，达到隔离长寿风险的目的。重要的是要知道长寿风险保险覆盖的保单贴现投资组合的期限。LE 久期帮助基金经理能够更准确地评估需要何种保单，以及多大的保障覆盖范围和寿命延长的容忍程度。在保单贴现投资组合中提出看跌期权是管理长寿风险的一种方法。如果被保险人的寿命超过预期寿命 X 年，合同将被平仓。如果未按特定到期日支付身故保险金，则期权的所有人必须以平仓价格购买合约。LE 久期和 LE 凸度将有助于为这种类型的期权定价，因为期权的所有人将能够更准确地估计超出预期寿命的长寿风险对合约价值的影响。LE

凸度可以用于校正由 LE 久期的非线性特质导致的误差。具有相对较高 LE 久期的看跌期权保单贴现合约将比具有较低 LE 久期的合约更加昂贵。计划使用杠杆来提高基金回报的保单贴现基金的经理们，既可以采用杠杆来提高资金回报，也可以使用 LE 久期和 LE 凸度来管理杠杆的数量和级别。采用杠杆时，一旦寿命超出预期，将迫使基金经理清算保单贴现资产，以便在不利条件下支付保费。

2007 年 3 月和 2007 年 12 月，J. P. 摩根和高盛分别推出了关于长寿/死亡风险的可交易指数。摩根指数是 Life Metrics Index[11]，而高盛（Goldman Sachs）长寿指数则称为 QxX. LS[12] 指数。这些指数帮助管理者对长寿风险进行对冲化解。QxX. LS 是基于 65 岁以上的 46290 个体的参考人群建立的，该指数的参考样本代表了老年人群健康受损的状况分布。这些指数能帮助长期死亡风险管理人与长寿风险管理人进行交易，即管理长期死亡风险（即短期长寿风险）的人寿保险公司，与管理长期长寿风险（即短期死亡风险）的保单贴现基金之间达成交易。死亡风险是指实际寿命低于预期，长寿风险恰恰与之相反，是保单贴现投资组合中的实际寿命高于预期。保单贴现基金管理人天生喜好长期长寿风险，可以根据 QxX. LS 指数作为"固定接收者"进行交换。这一立场减缓了贴现基金的长寿风险。这种交易置换的另一方面将为人寿保险公司经理提供价值，寿险公司希望通过管理长期的长寿风险来缩短其死亡风险。如果寿险保险贴现资产的实际寿命明显高于定价预期假设，并且 QxX. LS 指数所依据的参考池按预期执行，则基金经理将从固定投资者那里获得一份因为死亡率较高而产生的风险利差。这种差价将在一定程度上抵消由于寿险保单贴现资产时间延长而遭受的收益损失。如果参考池中被保人死亡的速度比预期快，则固定接收者（在该示例中为保险公司）将接受死亡率的额外支出。保险公司可以将死亡风险计入保单贴现投资组合中以获得溢价。长寿和死亡风险的交易将使这些合同的定价更加透明从而增加保单贴现市场的流动性。我们在本章中讨论的 LE 久期和 LE 凸度测量方法，可用于估计诸如 QxX. LS 指数的适当套期保值（对冲）比率。如果不知道基金收益率对基金资产实际寿命的变化（LE 久期）（LE 凸度）有多敏感，那么我们提到的指数对冲长寿风险将更加困难。

老年贴现保单池中的长寿风险是投资者真正关注的问题。使用斯通—齐苏 LE 久期和 LE 凸度，我们测量了寿险保单贴现的长寿风险。保单贴现机构、个人和机构投资者以及对冲基金经理人，还能够将 α 作为附加标准。这样，保单贴现机构可以改进定价和套期保值，并更有效地拓展保单贴现市场。根据对特定持有期保单贴现收益率的评估，我们可以有多种可替代的选择方案，诸如购买可贴现的老年人保单、购买证券化的保单贴现投资组合份额等。

注释

1 就财务会计准则委员会 FASB 编号 FTB 85-4-1 的职员职位而言，保单贴现合同的定义是："就本 FSP 而言，保单贴现合同是持有者之间的合同。"人寿保险单（保单持有人）和第三方投资者（投资者），具有以下特点：

   a. 投资者没有保险利益（对被保险人的生存利益，这是支持签发保险单所必需的）。

   b. 投资者向保单持有人提供超过人寿保险单当前退保现价的金额。

   c. 当被保险人去世时，保险公司根据合同向投资者支付人寿保险单的身故受益金。

2 保单贴现协会（LISA）提供其成员公司的名单。此列表包括 38 个保单贴现机构，该名单包括 20 名"融资实体"成员。融资实体是保单贴现提供者的资金来源。

3 养老基金将为保单贴现业务分配高达 2% 或 4 亿欧元的资金。（《荷兰计划为旧保单注入新的保单贴现资金，稳定的回报将养老基金吸引到不断增长的市场》，Beatrix Payne Crain Communications，2007 年 4 月 16 日）

4 "2006 年 6 月，AIG 重组了保单贴现的所有权，对这些投资的经济实质没有影响。同时，它向其之前的共同投资者支付了 6.1 亿美元，以获得保险贴现合同的所有剩余持有权益。在以前的非合并信托中，保险公司对这些新合并的保单贴现合同中的小部分被包含在 AIG 子公司中。因此，AIG 子公司签发的保单贴现相关金额在合并过程中被取消。2006 年 12 月 31 日，AIG 的保单贴现合同的账面价值为 11 亿美元，此金额包含在了合并资产负债表的其他投资资产中。这些投资按季度进行减值监控，并根据合同计算。2006 年，保单贴现合同确认收入为此前在非合并信托中持有的 3800 万美元，包含在合并财务报表中体现的净投资收益。"（截至 2006 年 12 月 31 日的财政年度，AIG 的 10 − K 表）

5 在 2006 年 8 月 28 日的 M. Corey Goldman《管理账户报告中，寿险保单贴现逐渐成为下一个非关联的对冲基金战略》报告称，以下对冲基金活跃于保单贴现市场：Porter Capital、Sagecrest Capital、Ritchie Capital 以及 Cheyne Capital。搜索 HFMweek.com 的免费内容表明，新资本有限公司（New Stream Capital，LLC）一直在投资保单贴现市场。

6 "我们相信，随着越来越多的老年人意识到他们可以通过保单贴现的方式清算掉不需要的保单，整个保单贴现的市场规模将会增加。鉴于我们在市场上的经验以及我们对竞争和保单供求关系的估计，我们相信我们 2008 财年的保单贴现总营业额约为 2 亿美元，比 2007 财年的总营业额 1. 53 亿美元增加 37% 。这个数字比我们去年估计的总业务量 9300 万美元、2006 财年的总业务量 8700 万美元增长了 76% 。"（截至 2007 年 2 月 28 日的财政年度寿险伙伴控股有限公司的 10 – KSB 表）

7 截至 2007 年 2 月 28 日的财政年度，寿险伙伴控股有限公司的 10 – SKB 表。

8 "死亡率、发病率和伤亡预期包含许多因素的假设，包括例如产品如何分配，产品购买目的，购买产品的客户组合，续保率和失效率，以及未来领域的进展。如果实际结果与这些假设不同，实际死亡率、发病率和/或伤亡经验也将与预期不同。此外，在保单贴现行业中有一些公司不断通过定价中使用的失效假设和保单实际失效之间差异套利，这对公司的持续性和失误水平产生负面影响，最终会对公司的绩效产生影响。"（截至 2006 年 12 月 31 日的财政年度，保护人寿保险公司的 10 – K 表）

9 "预估死亡率是计算人寿保险合同贴现公允价值的核心。个人死亡率通常是将专业精算组织提供的一般保险人群的基本死亡率曲线和个人特定的死亡率相乘获得的。个体特定乘数是根据第三方预期寿命数据提供者获得的数据确定的，该数据提供者会对被保险人当前的身体状况、家族史和其他因素进行全面检查，以得出预期寿命估值。"（瑞士信贷集团，2006 年的 20 – F 表格）

10 经基金管理人同意，我们将此摘录纳入其中。兰斯顿大西洋有限公司，注册地址：英国属地马纳岛道格拉斯芬奇路 32 号办公室。

11 有关 JP Morgan LifeMetrics 指数的完整描述，请参见公司网站：www. jpmorgan. com/pages/jp-morgan/investbk/solutions/lifemetrics。

12 高盛长寿指数 QxX. LS 详见网站：www. qxx-index. com.

参考文献

A. M. Best. 2005. *Life settlement securitization*（*September* 1）.

Ballotta, Laura, and Steven Haberman. 2006. The fair valuation problem of guaranteed annuity options：The stochastic mortality environment case. *Insurance*：*Mathematics and Economics* 38（February）：195 – 214.

Blake, D. , A. J. G. Cairns, and K. Dowd. 2006. Living with mortality：Longevity bonds and other mortality-linked securities. Presented to the Faculty of Actuaries, January 16.

Cairns, A. J. G. , D. Blake, and K. Dowd. 2008. Modelling and management of mortality risk：A review forthcoming in the *Scandinavian Actuarial Journal* PDF file.

Cowley, Alex, and J. David Cummins. 2005. Securitization of life insurance assets and liabilities. *Journal of Risk and Insurance* 72（2）（June）：193 – 226.

Deloitte Consulting LLP and The University of Connecticut. 2005. The life settlements market: An actuarial perspective or consumer economic value.

Doherty, Neil A. , and Hal J. Singer. 2002. The benefits of a secondary market for life insurance policies. *The Wharton Financial Institutions Center* (November 14).

Dowd, Kevin, Andrew J. G. Cairns, and David Blake. 2006. Mortality-dependent financial risk measures. *Insurance: Mathematics and Economics* 38 (3) (June 15): 427 – 642.

Emeritus Capital Partners LLC. 2005. Strategic Capital Resource Report. Structured settlement porfolios: An assured capital growth resource. *Portfolio Dynamics*.

FASB Staff Position No. FTB 85 – 4 – 1. 2006. Accounting for life settlement contracts by third-party investors, Posted March 27.

FD Series, Inc. 2006. Franklin Templeton Total Return FDP Fund. Prospectus. October 2.

Ingraham, Harold G. , and Sergio S. Salani. 2004. Life settlements as viable option. *Journal of Financial Service Professionals* (September).

Lansdown Atlantic Life Settlement Fund PLC. 2005. Offering Document. October 24, February.

Lin, Yijia, and Samuel H. Cox. 2005. Securitization of mortality risks in life annuities. *Journal of Risk and Insurance* 72 (2) (June): 227 – 252.

Milevsky, Moshe A. 2005. The implied longevity yield: A note on developing an index for life annuities. *Journal of Risk and Insurance* 72 (2) (June): 301 – 320.

Singer, Hal J. , and Eric Stallard. 2005. Reply to the life settlements market: An actuarial perspective on consumer economic value. Criterion Economics LLC (November).

Stone, Charles A. , and Anne Zissu. 2006. Securitization of senior life settlements: Managing extension risk. *The Journal of Derivatives* (Spring).

12

保单贴现价值评估实务方法

约瑟夫·R. 梅森 （Joseph R. Mason）

（Moyse/路易斯安那州银行业协会主席，路易斯安那州立
大学商学院，沃顿商学院高级研究员）

哈尔·J. 辛格 （Hal J. Singer）

标准经济有限责任公司总裁

2006 年 4 月美国人寿保险协会（the American Council of Life Insurers，ACLI）通过一项提案，将对在保单签发后五年内向第三方出售的人寿保险单，征收 100% 的消费所得税。这一规定的直接影响是将人寿保险的持有期限从 2 年增加到了 5 年。虽然该提案尚未在国会获得足够的支持，但截至 2008 年 4 月，五年的持有期被美国几个州视为"示范立法"的一部分。为了衡量 ACLI 提案对保单持有人成本的影响，我们引入了金融经济学的实物期权框架。卖出期权可以使用传统的布莱克 – 斯克尔斯（Black-Schole）期权定价技术建模，在持有期内作为欧式看跌期权，在持有到期后作为美式看跌期权。根据我们的计算，如果 ACLI 的提案得以实施，那么老年保单贴现的申请人会立马损失 410 亿美元到 630 亿美元的期权价值。与这些成本相比，我们必须衡量延长持有期可能带来的好处。在进行这种成本效益分析之前，以如此严格的方式约束保单持有人是不明智的。

人寿保险业强大的二级市场的出现为美国保单持有人带来了明显的好处。

早在 2005 年 3 月, 伯恩斯坦 (Berstein) 研究公司就估计大约有 130 亿美元规模的有效保单贴现业务——也就是说, 自成立以来, 保单贴现机构已经获得了面值约为 130 亿美元的保单 (Bernstein Research Call, 2005), 预计未来几年寿险保单贴现市场的规模将增长十倍以上。2006 年 1 月, 枫叶人寿公司 (Maple Life) 预测 2006 年期间保单贴现行业会购买 190 亿美元的寿险保单 (Maple Life, 2006)。因此, 仅 2006 年的保单贴现规模就大于该行业从 2004 年至今的累计贴现量, 且预计随后几年将迅速增长。

在保单贴现机构进入二级市场之前, 如果保单持有人突然需要资金周转, 只能被迫选择退保, 从保险公司获得一笔象征性的费用。而保单贴现机构提供的贴现金额有时会超过保单持有人保单的现金价值, 这为保单持有人提供了一个有吸引力的替代方案。通过期权理论的视角可以发现它的好处, 即强大的二级市场为保单持有人提供了以往不存在的金融期权。

为了保护人寿保险公司免受保单贴现机构的竞争, 2006 年 4 月美国人寿保险协会 (ACLI) 提议将禁止出售的人寿保险保单期限从 2 年延长至 5 年。越来越多的学术论文试图通过简单计算贴现保单值与现金退保价值之间的差额来量化收益, 因为正是这些收益促使保单持有人在二级市场上出售其保单。多尔蒂和辛格 (Doherty and Singer, 2003b) 研究发现：2002 年保单贴现机构为保单持有人提高的收益超过 2.4 亿美元；辛格和斯托拉德 (Singer and Stallard, 2005) 进一步分析发现, 2004 年保单贴现机构为保单持有人提高的收益超过了 6.86 亿美元；人们一致认为这些收益将随着二级市场整体发展而迅速增长。因此, 任何限制二级市场发展规模的提案, 包括 ACLI 所提议的延长保单贴现持有期, 都会直接侵害保单持有人的利益。

在本章中, 我们使用期权理论的工具来评估二级市场对尚未行使期权的保单持有人的利益。任何金融专业的人士都明白期权即使没有实际行使也很有价值。我们使用传统的布莱克－斯克尔斯 (Black-Scholes) 技术将保单持有人现有的出售选项作为一系列欧式看跌期权。ACLI 提案延长保单持有期, 可以理解为延长欧式期权的行使期, 如果采用这种措施, 将会严重侵害消费者的期权价值。

美国人寿保险协会的提案

2006 年 4 月 11 日，美国人寿保险协会（ACLI）公布了一项拟议的税收立法提案，该提案主要针对交易保单的持有期未达到五年的保单贴现交易。该提案严格规定，消费税为寿险保单贴现金额的 100%，包含保险费以及向被保险人单独支付的款项。鉴于这种严厉的惩罚性规定，我们有理由假设，投保人在保单签发的五年内不会选择退保。而且，这种消费税并不适用于保单持有人与特定人群或实体之间的二级市场交易，特别是不适用于签发保单的寿险公司（Bernstein Research Call，2005）。因此，根据 ACLI 的提案，被保险人如果想在签发后五年内终止其保单，只能将保单出售给签发保单的寿险公司选择让其失效，而不能将保单出售给第三方投资机构。

ACLI 的提案对保单持有人造成的损失

实物期权框架非常有助于评估强大的人寿保险二级市场为保单持有人创造的期权。在本部分中，我们将解释实物期权框架，并将框架应用于人寿保险案例。与任何期权一样，实物期权价值随着强制性持有期的增加而减少，如 ACLI 提案所预期的那样。因此，假设 ACLI 的提案得以实施，我们估算保单贴现人（保单持有人）将立即失去 410 亿 ~ 630 亿美元的期权价值。

实物期权分析框架

从最普遍的意义上讲，实物期权是在预定的时间（到期日）内或在预定的时间结束时，根据预定的成本（执行价）采取某种行动（例如，延期、扩张或放弃）的权利，而不是义务。一般而言，所有保险投资都会减少对某些不确定性来源的风险敞口（Amram and Kulatilaka，1999）。使用实物期权方法进行分析可以估算这些投资的价值，并检查其价值是否覆盖成本。下一节将使用这些实物期权技术来评估出售人寿保险合同的期权。

将保险作为实物期权转售——初步金融概念

人寿保险合同条款严格规定，保险公司定期收取保费，作为回报，当被保险人去世时保险公司向其受益人支付赔偿金。由于保险条件发生前赔偿金仍未兑现，因此身故保险金相较于在合同期内定期支付的保费必须足够高。为了证明这一概念，我们举个实例，对于69岁的老年人，常规的人寿保险合同规定其身故保险金为200万美元，每年需支付约4万美元的保险费。按照这个速度，需要24年多的时间（按每年5.75%的复利计算），累计所缴保费才会与身故保险金持平。鉴于70岁男性的预期寿命约为13.5年，而70岁女性的预期寿命约为16.0年（美国卫生与公共服务部，2003），以5.75%的利率计算，这份人寿保险合同的预期现金价值累计不到100万美元，而身故保险金则高达200万美元。因此，现金价值平均累计总额不会超过保单持有人预期的身故保险金，而这对被保险人来说是划算的。

图12.1展示了上述情况，现在图表中将现金价值与三种可能的结果进行比较：身故理赔、退保和保单贴现。

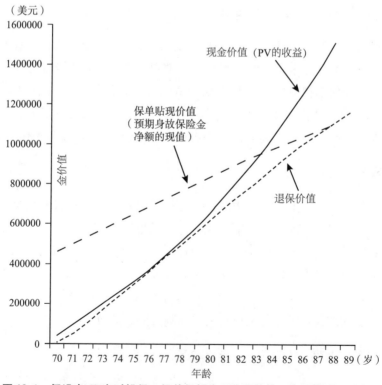

图12.1 假设在69岁时投保，保单保额为200万美元，年保费为4万美元

如果被保险人在 93 岁之前去世（这时候的年金价值等于保单的保额），如果保单持有人一直支付保险费并且没有发生丧亲费用，那么合同的收益将远远高于 5.75% 的市场预期回报。而如果被保险人在 75 岁时去世，那么按照合同规定一共支付 6 年保费，此时的现金价值略高于 29 万美元。仅仅付出了 29 万美元，受益人就可获得 200 万美元身故保险金，相当于每年投资 4 万美元，六年后的年化投资回报率为 65.92%。

假设保单持有人持有四年，当被保险人年满 73 岁时，保单持有人就决定终止保单。在第四年时，假设折现率为 5.75%，其现金价值略高于 18.4 万美元。保单持有人可以通过两种方式终止该保单，将其退回保险公司或将保单出售给保单贴现机构。如果投保人此时可以从保单签发人或第三方获得超过 18.4 万美元的金额，并因此获得高于 5.75% 的投资折现率，那么他可以选择退保（向保单签发人）或保单贴现（向第三方）。如果保单持有人目前无法获得超过 18.4 万美元，那么他此时不会退保或贴现（即使他的流动资金受到严重的限制，他也可以选择质押保单以获得借款）。

第三方会为该保单支付多少钱？保单贴现价值（life settlement value，LSV）是身故保险金减去直到预期死亡（73 岁男性的平均预期年龄为 85 岁）的所有费用得到的值。这些费用约为交易价格的 20%，包括保费和核查费用（Singer and Stallard，2005）。基于这些假设，保单贴现值用图 12.1 中的虚线表示。图中显示在 73 岁时 LSV 约为 56.8 万美元。如果保单持有人在这四年每年支付 4 万美元，那么保单持有人的收益率将达到 57.76%，是折现率 5.75% 的 10 倍之多。现在我们再看一下退保的收益情况，使用美国精算师学会 2001 年现金退保价值表计算出 4 年后的退保现金价值约为 21.8 万美元年收益率为 12.8%。[1] 我们很容易就看出为什么保单贴现（年回报率 57.76%）占主导地位了。

在 84 岁左右时，现金价值大于 LSV，因此保单持有人将不再选择 LSV 期权（因为他可以凭借现金价值借款）。到 93 岁时，退保价值超过保单贴现价值，因此保单贴现选项不再有意义。

综上所述，退保价值、现金价值和保单贴现价值之间的差异给被保险人带来了保单价值的公平选择权。随着时间的推移，被保险人持续支付保费，这种权益就会减少。但是，虽然权益仍未兑现，但被保险人可以兑现部分份

额，以满足因健康问题、或应对市场冲击所产生的现金需求。原保险公司和
保单贴现机构在提供流动性方面的竞争，确保了保单持有人在交易中能够获
得良好的（市场）价格。因此，保单贴现市场提高了这一非流动资产的固有
效率。

评估保单的转售期权

在上文中，我们比较了在特定时间退保和保单贴现的价值，也就是说，
我们论证了保单转售期权的内在价值。实际上，在死亡前的任何时候，投保
人都有权（但没有义务）以身故保险金的现值（扣除预期剩余的预付款和交
易成本）或退保价值出售保单。可见，保单持有人拥有看跌期权，且这种看
跌期权是有价值的。本部分提出了为该期权赋值的方法，以更好地估计保单
贴现市场的增量价值。

接下来将使用标准期权定价理论［关于金融期权的初级读物，参见 Hull
（2006）］和实物期权理论来更好地评估 ACLI 提案在寿险保单贴现的增量价
值。看跌期权的价值被定义为一系列欧式看跌期权时（可在未来的特定到期
日行使的期权），这些期权在整个保单的生命周期中依次生效。而更多时候
看跌期权的价值被描述为美式看跌期权（可在到期前的任何时间行使的期
权）。保单贴现市场赋予的较高执行价格，增加了保单持有人拥有的看跌期
权的价值。因此，根据 ACLI 的提案，如果禁止在三年内行使期权，预计将
使消费者瞬间损失 410 亿～630 亿美元的期权价值。

以一系列欧式看跌期权的形式对持有期到期前的转售期权进行估值

根据布莱克－斯克尔斯（Black-Scholes）估值模型，欧式期权对非股息
支付股票的估值计算如下：

$$P = Xe^{-r_f t} N(-d_2) - SN(-d_1)$$

其中，$d_1 = [\ln(S/X) + r_f T] \div \sigma\sqrt{T} + 1/2\sigma\sqrt{T}$；$d_2 = d_1 - \sigma\sqrt{T}$

X = 执行价格；

S = 标的资产的价格；

T = 到期所需时间；

r_f = 折现率；

σ = 标的资产价值的波动性。

对于本次应用而言，允许 X 为结算价值，S 为现金价值，σ 为现金价值的波动性。假设保单持有人将资金投入标准普尔 500 指数基金，现金价值的市场波动率为 $\sigma = 5\%^2$，我们假设折现率为 $5.75\%^3$。

我们还以 69 岁的老人为例，持有保险单的保额为 200 万美元，年保费为 4 万美元。假设保单持有人必须等待两年才能将保单出售给贴现机构。在保单生效后，向保单贴现机构（在强制持有期后）出售期权的价值是多少？在两年持有期限到期时，保单贴现价值将为 49.5 万美元，而在该保单两年后的现金价值为 8.7 万美元。使用布莱克 – 斯克尔斯（Black-Scholes）模型，计算得出期权价值约为 35.4 万美元（$X = 495000$ 美元，$S = 87000$ 美元，$T = 2$）。

保单持有一年的期权价值是多少？当保单持有人为 70 岁且持有期限减少至一年时，保单两年的保单贴现价值将为 49.5 万美元，保单生效两年后的现金价值仍为 8.7 万美元。使用布莱克—斯克尔斯模型，计算得出保单持有一年的期权价值约为 38 万美元（$X = 495000$ 美元，$S = 87000$ 美元，$T = 1$）。

该保单持有两年到期的期权是多少？此时，持有期已过，因而适当的期权估值工具是美式看跌期权，下面将对此进行解释。

以美式看跌期权的形式评估持有期届满后转售的期权

与欧式期权相反，标准美式期权提供了在到期前随时行使期权的权利，但没有义务。当保单贴现价值超过现金价值时，美式看跌期权的价值等于当前保单贴现价值与现金价值之间的差额。当贴现值低于现金价值时，美式看跌期权价值为零。

继续上面的例子，考虑同一个保单持有人，他在 69 岁时购买了一份 200 万美元保额的保单，年保费为 4 万美元。两年后向保单贴现机构出售保单的期权价值是多少？该保单两年后的贴现价值为 49.5 万美元，两年的现金价值为 8.7 万美元。因此，美式看跌期权价值约为 40.7 万美元（即 49.5 万美元减去 8.7 万美元）。

该保单三年后的期权价值是多少？该保单三年后的保单贴现价值为 53.1 万美元，三年后的现金价值为 13.4 万美元。因此，美式看跌期权价值约为 39.7 万美元（即 53.1 万美元减 13.4 万美元）。

　　保单四年后的期权价值是多少？该保单四年后的保单贴现价值为 56.8 万美元，四年后的现金价值为 18.4 万美元。因此，美式看跌期权价值约为 38.3 万美元（即 56.8 万美元减去 18.4 万美元）。

　　保单五年后的期权价值是多少？该保单五年后的保单贴现价值为 60.4 万美元，五年时的现金价值为 23.7 万美元。因此，美式看跌期权价值约为 36.7 万美元（即 60.4 万美元减去 23.7 万美元）。

强制性五年持有期提案导致保单期权价值的下降

　　虽然上面估计的期权价值具有指导意义，但它们是仅用于说明保单持有人所拥有的期权在合同期内是有价值的。不过它们本身并不代表由于拟议增加了持有期导致保单不能出售给第三方而造成的价值损失。然而，使用前面谈到的期权分析技术，可以很容易地衡量将持有期从两年延长到五年的成本差异。

　　鉴于目前 26 个州有保单贴现法，这在很大程度上阻止了保单在第二年之前的可转让性，我们保守地假设保单持有人不能在保单生效后的两年内出售保单。（实际上，居住在没有此类保单贴现法的州的保单持有人，将遭受更大的期权价值损失，因为这些州的默认规则是永久持有。）在两年期届满时，保单持有人是可以在该日期的现金价值（S_0）和执行价格（X）之间自由选择的。因此，在承保保单时，保单持有人将获得为期两年的欧式期权。我们之前使用布莱克—斯克尔斯模型在持有期到期前将现有的出售期权作为一系列欧式期权进行估值。我们在这里使用类似的技术来评估 ACLI 提出的将两年持有期改为五年的影响。

　　图 12.2 显示了保单的预期寿命在各个持有期间的估值结果及其对期权价值的影响。在图 12.2 中，持有期结束后，期权的价值遵循美式期权的路径，剩余期限终止。两年期的欧式期权在保单生效之初的估值，略高于 35.4 万美元（$X=495000$ 美元，$S=87000$ 美元，$T=2$）。将持有期限延长至五年，欧式看跌期权初始价值就降至 21.6 万美元（$X=604000$ 美元，$S=237000$ 美元，$T=5$），比现有的两年期欧式期权价值减少了 39% 以上。保单满一年后（年龄为 70 岁），持有两年的期权价值为 38 万美元（$X=495000$ 美元，$S=87000$ 美元，$T=1$），而持有五年的期权价值为 24.3 万美元（$X=604000$ 美元，$S=$

237000 美元，$T=4$）。因此，在该保单承保满一年后，五年持有期的限制将期权价值再次降低近 36%。

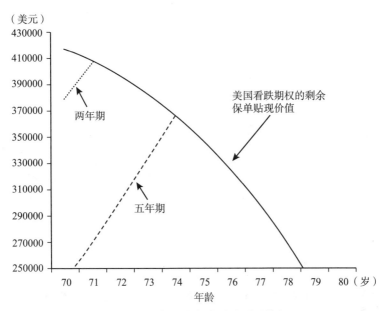

图 12.2　将持有期视为欧式看跌期权

在保单生效两年后（年龄为 71 岁），持有期为两年的期权回归到美式期权，价值为 40.7 万美元（$X=495000$ 美元，$S=87000$ 美元），而持有期为五年的期权价值为 27.1 万美元（$X=604000$ 美元，$S=237000$ 美元，$T=3$）。因此，在该保单生效两年后，五年持有期的限制再次将期权价值降低了 33%。保单生效三年后（年龄为 72 岁），持有期为两年的美式期权价值为 39.7 万美元（$X=531000$ 美元，$S=134000$ 美元），而持有期为五年的期权价值为 30.1 万美元（$X=604000$ 美元，$S=237000$ 美元，$T=2$）。因此，在该保单生效三年后，五年持有期的限制将期权价值再次降低了 24% 以上。

该保单生效第四年（年龄为 73 岁），持有期为两年的美式期权的期权价值为 38.3 万美元（$X=568000$ 美元，$S=184000$ 美元），而持有期为五年的期权价值为 33.3 万美元（$X=604000$ 美元，$S=237000$ 美元，$T=1$）。因此，在保单生效四年后，五年持有期的限制再次将期权价值降低了 13%。

保单生效第五年（达到年龄 74），持有期为两年的美式期权的期权价值为 36.7 万美元（$X = 604000$ 美元，$S = 237000$ 美元），而持有期为五年的期权价值为 41 万美元（$X = 604000$ 美元，$S = 237000$ 美元）。因此，在该保单生效第五年后，五年持有期的限制对期权价值没有影响。对于任何参数组合都是如此。

强制性的五年持有期将导致所有保单的期权价值下降

在本部分中，我们使用两种独立的方法来评估 ACLI 提案损害的保单期权价值。第一种是自上而下法。我们首先从行业数据入手，了解新发行的终身寿险保单的规模，并估算具有代表性的保单数量，即平均面值为 200 万美元的保单，然后评估这些保单受到五年持有期提案的影响程度。第二种自下而上法。我们从消费者财务问卷的调查数据入手，最后上升到行业水平。

自上而下法

根据 ACLI（2007 年）统计，2006 年美国个人寿险保单保额总计为 1.813 万亿美元。其中，终身寿险保单达到 5124 亿美元，占总保额的 29%。我们假设，新发行的终身保单的面值每年以 0.9% 的增长率增长（2005 ~ 2006 年的个人保险增长率）。

根据最新的《美联储消费者金融调查报告》（SCF，联邦储备委员会，2004），针对保单贴现目标市场的调查，将调查对象定为 65 岁（含）以上且保单保额至少为 75 万美元的终身保单持有者，调查结果显示其占比为 31.3%。[4] 按照这个结果，我们估计 2006 年保单贴现的潜在市场规模为 160.4 亿美元（相当于 5124 亿美元的 31.3%）。假设平均保额为 200 万美元，我们认为 ACLI 提案只对目标市场最近五年承保的终身保单存在影响。首先，我们估计出最近五年承保的终身保单的保额面值总额，除以 200 万美元，则得出受影响的代表性保单数量；再以代表性保单数量乘以此类保单的期权价值，最后计算出权益下降值。

如表 12.1 所示，代表性保单的期权价值累计下降约 411 亿美元。根据定义，2003 年之前签发的保单，由于持有期已经超过五年，期权价值没有下

降。相比之下，2007 年签发的保单跌幅最大——期权价值瞬间损失约 134314
美元。

表 12.1　　2007 年 ACLI 提案对累计期权价值的削减（自上而下方法）

保单年份 （签发年份）	期权价值 下降（A）	预计受影响的代表性 保单数量（B）	总下降价值 （美元）
1（2007）	134314	80912	10867592002
2（2006）	128925	80191	10338628043
3（2005）	123218	80519	9921382720
4（2004）	83308	82134	6842420998
5（2003）	42146	78684	3316202243
总计			41286226006

注：假设个人折现率为 5.75%，摘自美国精算师学会报告。

自下而上法

我们采用 SCF 数据库中的终身寿险保单数据，以假定的签发年份为基本
条件，分别计算两年持有期和五年持有期的期权价值，从而计算保单持有人
的期权减少的价值。对于人寿保单贴现市场潜在卖家的保单持有人，他们所
拥有的期权价值由被保险人的实际年龄、保单保额、保单现金退保价值和年
度保费来决定。如前所述，期权价值是估计保单贴现价值的函数，且取决于
被保险人的预期寿命。鉴于被保险人的年龄和性别，我们根据疾病预防控制
中心（Arias，2003）数据表可估算得出被保险人的预期寿命。根据被保险人
的年龄、现金退保价值与保额的比率，采用 2001 年美国精算师学会报告的现
金退保价值表，我们可以预估保单的签发年份。

我们认识到，大约 1/3 样本的年保费数据是不可靠的，要么是因为保费
字段缺失，要么是因为年度保费与保额的比例不合理[5]。为了解决这一数据缺
失的问题，我们通过一些统计学专业技术，采用年度保费可靠子集的均值替
换掉缺失或者不可靠的保费数据。我们专门计算了 SCF 数据库中所有保单的
年度保费与保额之比的平均值，结果显示比率超过了 1.2%（$P/B = \alpha$），

1.2%这一临界值相当于35岁的国营农场职员持有200万美元寿险保单的年度保费与保额的比率，因为35岁以上的被保险人的年度保费与保额之比（$P/B=\alpha$）大于1.2%。而现在该子集的平均值为3.086%，已经超过这一临界值，因此我们认为SCF数据库中小于1.2%（包括0%）的数据存在错误。我们对于这些存在错误的数据统一采用比值为3.086%的数据替代。通过对签发年份和保费水平的估计，我们可以准确计算出两年持有期和五年持有期的保单期权价值。

为清楚起见，我们选择了SCF数据库中编号为2689的调查受访者进行分析。该被调查人是男性，持有保额为200万美元的终身保单。该保单的现金价值为13.7万美元，维持该保单持续有效需支付的年度保费为11.3万美元（相当于保额的5.65%）。根据保单持有人的年龄和保单现金退保价值（面值的6.85%），结合美国精算师学会的数据表，可以推断该保单是在一到两年内签发的。鉴于被保险人为79岁男性，参考疾病控制和预防中心的数据表，估计其预期寿命为8.48年。我们估计未来一年的保单贴现价值约为46.8万美元，根据对保单年份的估计，得出未来一年的期权价值约为24.5万美元，持有两年时出售保单的期权价值约为19.8万美元，持有五年的期权价值约为68美元。因此，持有期限延长三年所造成的期权价值损失为197932美元。为进行贴现评估，我们采用SCF的数据库，对每个候选人进行多次重复演算。之后进行汇总，得到SCF数据库中所有保单贴现申请人（即样本人群）数据。如表12.2中第1行、2行、3行所示。

接下来，我们将SCF数据库估值推演到美国全部人口。《2007年ACLI白皮书》（*ACLI's 2007 Fact Book*）统计显示，2006年美国个人人寿保单（包括定期和终身）的存量为10.057万亿美元。相对新保单分为终身和定期保单而言，白皮书并没有按这样的分类细分有效保单的存量数据。在最新的SCF数据库中，所有定期保单的保额总和为106.12亿美元（字段X4003），所有终身保单的保额总和为90.11亿美元（字段X4005），两者合计SCF数据库中所有个人保单的保额总和为196.24亿美元。而美国现有有效寿险保单的总保额为10.057万亿美元。因此，估计损失的期权总价值，用1.231亿美元乘以美国有效寿险保单的总保额（10.057万亿美元）与样本人群的总保额数（196.24亿美元）的比值（集合系数），即用1.231亿美元乘以512.82（见

表 12. 2）。

表 12. 2   2007 年 ACLI 提案对累积期权价值的削减（自下而上法）

保单贴现申请人*样本人群的保险金额合计	196. 24 亿美元
保单贴现申请人*样本人群的期权价值平均损失	400915 美元
保单贴现申请人*样本人群的期权价值累计损失（A）	123080976 美元
美国有效寿险保单的总保额	10. 057 万亿美元
聚合系数**（B）	512. 82
美国所有保单贴现申请人的期权价值累计亏损（A × B）	63118386112 美元

注：*保单贴现申请人是指年满 65 岁，持有面值至少为 75 万美元的终身寿险保单。样本人群从 SCF 数据库中选择。

**聚合系数是美国有效寿险保单的总保额与 SCF 数据库中样本人群的保险金额合计之比。损失计算按照美国精算师学会报告采用的基准折现率为 5. 75%。如果我们使用 8% 的折现率，则美国所有的寿险保单贴现人的期权价值累计损失为 481 亿美元。请注意，计算基于舍入值。

如表 12. 2 所示，如果实施五年持有期提案，保单持有人平均损失 400915 美元的期权价值。SCF 数据库中所有保单贴现申请人的累计损失约为 1. 231 亿美元。假设数据库中的所有保单都已过期一年，最大损失是 1. 897 亿美元。采用上述 512. 82 的聚合系数我们估计[6]，如果实施 ACLI 五年持有期提案，美国所有保单贴现候选人的累积损失约为 631 亿美元。

摘要与结论

摘要

采用自上而下法和自下而上法，我们估计 ACLI 的提案将使美国所有保单贴现人的期权价值损失 410 亿 ~630 亿美元。对于在持有期限延长之前进行保单贴现的保单持有人，相当于间接获得收益。而对于在持有期限延长之前尚未进行贴现的保单持有人将蒙受损失。但如果寿险公司根据期权损失的情况，来降低保险合同的费率，则可以减少保单持有人的损失。因此，假如延长保单持有期的提案得以实施，保险公司应该按照期权价值的减少程度，在签发新保险合相应降低保单的价格，以补偿新签约的保单持有人。

结论

ACLI 税收提案错误地认为：很少有保单持有人会在签发的五年内出售保单，而那些极少数出售的人必然存在不正当目的。事实上，在人寿保险中，对于一些无法预测的情况变化重新调整保障的做法，并没有被滥用。而 ACLI 税收提案对所有寿险保单贴现交易实行五年延期，对许许多多有合法目的的保单持有人是不公平的。从消费者利益的角度来看，我们已经证明，ACLI 提议的五年持有期将使保单持有人遭受巨大损失。由于将个人寿险的保单出售给第三方的期权，在行权日期之前是很有价值的。如果该期权延期五年期执行，ACLI 的税收提案，将摧毁二级市场创造的大部分期权价值，造成的期权价值损失合计在 410 亿~630 亿美元。

注释

1 美国精算师学会标准事务工作组向全国保险委员会人寿与健康险精算工作组提交的报告（2002 年）。

2 该值约为标准普尔 500 指数过去三年的年平均回报波动率，可在 http://finance.yahoo.com/q/bc? s = %5EGSPC&T = 5Y 查询。同期 10.5 年期的先锋长期美国国债基金（VUSTX）的波动率为 4.4%。

3 美国精算师学会标准事务（CSO）工作组向全国保险委员会人寿与健康险工作组提交的报告（2002 年），附录 A：终身寿险未使用现金价值的结果。

4 SCF 不报告保单的发行年份。利用保单持有人的年龄和现金退保价值与 SCF 保单面值的比率，再结合 2001 年现金退保价值表，可以计算出保单发行年份（以及保单历经的年度），正如美国精算师学会标准事务工作组（2002 年）汇报给全国保险委员会人寿与健康险精算工作组的那样。

5 人寿保险单通常有零保费选项，因此零保费并不一定是数据问题。所以我们的估算方法对损失作了保守估计。

6 我们注意到这个因子是四舍五入的，在计算中使用舍入因子，报告的估算值是四舍五入值。

参考文献

American Council of Life Insurers. 2007. *Life Insures Fact Book*.

Amram, M. , and N. Kulatilaka. 1999. *Real options: Managing strategic investment in an uncertain world.* Cambridge, MA: Harvard Business School Press.

Arias, E. 2003. United States life tables. Division of Vital Statistics, Centers for Disease Control and Prevention.

Bernstein Research Call. 2005. Life insurance long view-life settlements need not be unsettling. March 4.

Doherty, N. , and H. Singer. 2003a. Regulating the secondary market for life insurance policies. *Journal of Insurance Regulation* (21), 63 – 99.

Doherty, N. , and H. Singer. 2003b. The benefits of a secondary market for life insurance. *Real Property, Probate & Trust Journal* (38), 449 – 478.

Federal Reserve Board. 2004. Survey of Consumer Finances.

Hull, J. 2006. *Options, futures, and other derivtives.* 6th ed. New York: Prentice Hall.

The Economist. 2003. New lease on life: The secondary market in life-insurance policies is good for bonsumers. May 17.

Maple Life Financial, Inc. 2006. *Life settlement Industry Outlook.*

American Academy of Actuaries' Commissioners Standard Ordinary (CSO) Implications Work Group. 2002. Appendix A: Results for Whole Life Nonforfeiture Cash Values. Report presented to the National Association of Insurance Commissioners' Life and Health Actuarial Task Force.

Silverman, R. 2005. Recognizing life insurance's value. *Wall Street Journal.* May 31. Singer, H. , and E. Stallard. 2005. Reply to the life settlements market: An actuarial perspective on consumer value. November.

U. S. Department of Health and Human Services, Centers for Disease Control and Prevention. 2006. United States life tables 2003. National Vital Statistics Reports (54) April 19.

第 4 部分
风险

13

保单贴现交易的风险管理

尼莫·佩雷拉 （Nemo Perera）

总经理，风险资本合伙人

    寿险二级市场的投资者面临着许多保险行业特有的、复杂的潜在风险。尽管使用传统的投资组合管理方法可以充分降低部分风险，但是其他的风险，可能需要通过利用金融和保险保障措施等风险转移技术进行更有效的管理。保单贴现市场的发展吸引了越来越多的潜在投资者，为促使他们参与进来，减少现金流波动性以降低风险，将变得越来越重要。与任何类型的投资一样，未来保单贴现投资者必须充分了解当今市场上所有的风险和风险管理方案，这一点至关重要。

    保险是使用最广泛的风险管理工具，因为它能够承担可能发生但时间不确定的事故所带来的损失。核保风险评估，就像那些与资产相关的风险评估一样，依照大数法则来量化寿险的不确定性，使其更具有可预测性。精算师很难确定特大灾难的风险大小，因为其发生几乎不可预测。一般来说，只有在上述事件发生频率相对较高的情况下，才适合进行风险防范。相反，随着风险发生的频率降低，该风险的保险成本大幅增加，这对保险公司和保单购买者而言都不划算。处理这些风险，通常用股权资本效果更好。

    保险公司对各种类型的风险进行识别和定价，并从承保和投资中获得收入。当收取的保费超过支付的理赔金额时，即为保险公司创造了收益。就像银行依照存款利率来确定其资金成本一样，保险公司用赔付率（the rate of claims，ROC）来衡量其"资金成本"。赔付率应该低于保费费率（即赔款支出应低于保费收入）。保险公司能够有效地预测理赔申请的时间和数量是非常重要的，而且在定价时还需要考虑参数预测失误的风险。

保险公司的第二类收入源于保费投资，也就是使用它们的承保收入（即保费）作为低成本的资金去进行战略投资，投资于大量理论上风险较低的资产类别，如政府债券、美国国债、公司债券和抵押贷款支持证券。当然，现在抵押贷款支持证券的风险远高于过去几年。保险公司承保的业务越具有可预测性，那它的投资利差就越大。

股权或风险资本是转移风险的另一种方法，股权即企业在偿还所有债务后的剩余价值。股东不仅关心公司的利润，而且也关注相关的风险。他们愿意接受风险的转移，以换取一些相应的回报。例如，当投资者对一家新公司的股票进行估值时，股票的价格取决于对公司的净利润的预期或公司未来支付股息能力的预期。从这个角度看，投资者可以运用合理的折现率来确定相应股票的价格。风险越大，折现率越高。以此类推，保险成本越高，相关的回报越高。

与保险一样，股权也可以作为企业风险转移的工具。对于通过债务和股权融资的公司来说，股东是公司偿还债务之后剩余价值的所有者。他们拥有公司清算后收回剩余财产的权利。因为在清算时债权持有人优先于股权持有人，因此股权持有人面临可能得不到任何回报的风险。股权持有人本质上为债权持有人提供了一层保障。[1]

保险与股权虽有相似之处，但优势却不尽相同。股权持有人是为寻求风险资本的合理回报，而保险公司则希望将风险降至最低，并获得承保和投资利润。不同之处在于预期结果的合理性。对于更难以预测的风险，股权是更适用的风险转移工具。当保险公司无法衡量风险发生的概率或无法实现大数法则时，股权可以投入风险资本以参与交易。此外，股权可以是未来利润的后盾，而保险通常不是。保险作为抵押贷款支持证券的金融担保物，能保障本金返还，但不能确保投资者在贷款到期之前可能获得的剩余利息，而这部分利息是股权投资中的权益组成部分。

因为投资者希望从保单贴现市场获得丰厚回报，所以对风险的理解和风险管理措施，将成为交易成功执行的关键因素。尽管评级机构的需求和债务持有人契约将指定风险转移协议的基准水平,但精明的投资者为追求更高的回报,将通过使用复杂的风险转移机制,将股权和定制保险结合起来,从而获取寿险资产的潜在投资价值,见图 13.1。

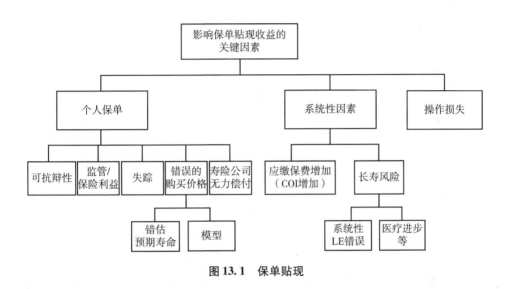

图 13.1　保单贴现

可抗辩期的风险

在保单存续期的前两年,保险公司有权就欺诈、重大错报、隐瞒或其他妨碍准确核保的细节缺失的行为而提出异议抗辩。虽然发生的可能性很低,但因保单保额较高,所以即使在中等规模的投资组合中,其风险规模也可能很大。从过往经验来看,抗辩很少发生,但值得注意的是,这些保单是在传统销售方式下购买的,即个人购买保单是为了未来在投保人去世时无法再提供收入,为其家庭提供经济保障。随着老年人寿险保单的保费融资交易不断增多,许多保险公司担心当今的寿险市场会采用激进策略,所以保险公司可能会在支付身故保险金前更严格地调查案件,可能会有更多的索赔被拒绝,从而增加了可抗辩期的价值。

可抗辩性条款,为保险公司在寿险保障中高于保费的部分资金提供了保护,因为对于有争议的保单,保单持有人可以在保险公司解除合同时获得已缴保费。与决定放弃保险的投资者不同，财产和意外保险公司通过承保大量有争议的保单来减少损失。对于购买保单的投资者来说，如果保险公司严格审查承保过程，将使他们更加放心。当购买的保单源于保费融资项目时，这种严格审查的过程将变得更有价值。此外，在需要评级机构进行评级的交易中，针对抗辩情况进行自我保险所需的股本，对于信用评级来说可能过于昂贵或不够充足。

虽然保单持有人没有向保单贴现机构隐瞒医疗数据的经济动机，但他存在向保险公司隐瞒医疗信息的经济动机。这就产生了一种风险，即使被保险人通过了保险公司核保，保单都可能在可抗辩期间被撤销。最好的解决办法是，确保所有与保单贴现机构共享的医疗记录也与保险公司共享。

保险利益的风险

"保险利益是指所有者对被保险人的生命存在利益关系。"个人可以为自己投保，并指定他的配偶或子女为受益人。这种情况是很常见的，也是国家保险法所允许的。然而，随着信托持有型人寿保险的发展，保险利益相关的法律法规受到越来越多的关注。在纽约州，保险利益包括家庭"血缘关系或法律关系"，如因爱和感情而产生的实质性利益；其他对被保险人的生命、健康或者人身安全，有合法的、实质性的经济利益。[2] 此外，一个实体可能对被保险人的生命具有经济利益，比如债权人，通常也被认为存在保险利益关系。

保险利益是在保险单签发时确定的，保险公司可以在保险期间的任何时候对保险利益进行复核。如保险利益不存在，保险公司可以撤销保单并只退还已缴保费。将这种风险与可抗辩性区分开来是非常重要的，因为它在可抗辩期（两年）满之后仍然可能发生。

如前所述，对于信托持有的保费融资项目来说，更需要关注保险利益，因此项目提供者往往会聘请法律代表对项目的保险利益资格进行审查。保险利益风险通常是保单贴现购买者面临的权益风险，但市场上已经推出承保此类风险的保单——保险利益保险产品，根据承保保单的具体标准，确定保险利益是否受到侵害。如果所有保单的保险利益都未仔细审查的话，那么保险很容易被认为不符合公众的最大利益。我们可以想象到会发生如下场景：某人在被保险人不知情的情况下为其投保，然后将保单出售给投资者，而投资者对此毫不知情。

这种风险的保障应该受到重视，表明保单的收购协议是遵循保险利益原则的。但目前仅为新签发保单的前两到五年提供保护，理想的保护范围应保护保单效力的始终。

保险成本

许多投资者认为保险成本上升的可能性微乎其微或根本不存在。但随着人们寿命的延长，缴纳的保费可能会增加。为了避免这种担忧，有些保证型保单有固定的保费，不因利率变化或死亡率的上升而进行调整。然而，许多人购买的人寿保险是非保证型的，他们希望在维持保单有效的前提下支付更少的保费以节省开支，但这将使他们面临一些风险。而对保险成本变更（即保费增加）提供保险将很难定价，因为保单形式不同，且保险公司开放式的风险敞口不同。尽管目前保单贴现投资者觉得此类风险很小，但股权资本看到了其中的获利空间，他们认为可以推出此类风险的保险产品，如果该计划得以实施，承保公司需要分散承保多家寿险公司签发的保单，以将风险最小化。

购买价格不当的风险

由于预期寿命评估不准或建模错误而导致购买价格不当的风险，可能会严重影响保单贴现投资的回报。

在审核病例文件时，关键文件的缺失会增加判断失误的概率。对此，贴现核保人提出异议，指出保单卖方最不可能做出不利于买方的选择，因为被保险人的健康状况越差，其保单所能卖到的价格就越高，因此他很可能会分享他所有的医疗信息。

还可能导致购买价格不当的因素存在于定价模型中。尽管在任何模型中进行过反向测试，但这些假设的基础源自最终的经济驱动。因对生存预期判断错误而导致错误定价，投资者轻则面临追加投资的风险，重则将面临投资亏损。这类风险的保险是不可行的，因为它容易受到逆选择的影响，保单贴现投资者往往可能会出售这类保单。定价模型的风险应由对风险和收益率有影响的股权投资者承担比较合适。

（被保险人）失踪风险

失踪风险是指一个人在没有事实证据的情况下被假定死亡。一些著名的例子如吉米·霍法（Jimmy Hoffa）和爱蜜莉亚·埃尔哈特（Amelia Earhart）（这是美国两起著名失踪案的主角——译者注）。在这种被保险人失踪的情况下，保险公司可以在死亡证明之前，暂缓向受益人发放身故保险金，有时可能会延迟七年发放，这是此类案件的典型诉讼时效。对于拥有该保单的投资者来说，这可能会严重影响收益，因为他们需要持续缴纳保费以维持保单的有效性。不过一旦确定了死亡日期，保险公司就会退还多缴的保费。一些保险公司甚至会为这部分保费和（或）身故保险金支付相应的利息，但这一法定利率可能低于资本收益率。尽管这种风险微乎其微，但其影响可能是巨大的。根据保单的规模和流动性约束，选择与股权投资者分担风险还是寻求保险来覆盖，这取决于融资结构设置的责任约束。对于那些拥有少量保单贴现投资组合的投资者来说，股权投资或许更为合适。但对于拥有大规模投资组合和融资契约的结构性交易，使用当今市场上相关的保险产品提供保障或许是可取的。

保险公司信用风险

寿险公司破产的风险被认为很低，因为大多数是投资级公司。此外，人寿保险还有一点令人放心，因为投保人拥有索赔权，在资不抵债的情况下，其优先级高于债务持有人和公司的股东。因保险公司本身拥有大量资本，且存在准备金和保险保障基金，所以投保人的资产回收率要比公司债券违约时高得多。

另外，投资者还可以利用信用保险来规避此类风险。由于金融契约的存在，一些投资者寻求额外的信用保证，即如果一家寿险公司由于财务约束（而不是由于可抗辩性或保险利益主张）而无法支付其身故保险金时，则会有另外一家金融机构介入。随着当前信贷市场的动荡，这种保障在结构上是不合理的。一旦金融市场恢复正常，假设从定价的角度来看，这种保障将更加可行，见图 13.2。

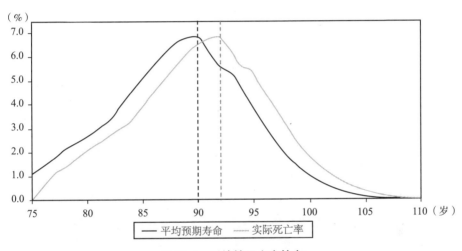

图 13.2　系统性死亡率转变

长寿风险

预期寿命风险应被视为一种系统性风险，即给定投资组合的总体预期寿命增长超过预期点。一些投资者很关注人类平均寿命延长的风险，但这不应该是他们所担忧的，他们更应该担心的是预期寿命的整体变化，即整体投资组合中的被保险人寿命都比预期寿命长。如果医学进步能够治愈癌症或糖尿病等疾病，老年参保者的寿命最终将超过贴现核保人的预期，从而导致保单贴现投资者的整体回报率下降。在蛋白酶抑制剂*的发现和应用后，那些经

---

　*　蛋白酶抑制剂属多肽类化合物，为抗 HIV 药物复合疗法重要组成部分，是 20 世纪 90 年代中后期的新产品。它能抑制蛋白酶的活性，其主要作用于艾滋病病毒复制的最后阶段，由于蛋白酶被抑制，使之从感染的 CD4 细胞核中形成 DNA 不能聚集和释放。——译者注

营艾滋病保单贴现的机构面临倒闭风险，为了避免这类风险，保单贴现组合的多样化是至关重要的。

保险和股权的结合体适用于管理长寿风险。由于投资者在定价时非常关注预期寿命，因此剔除原始投资者并在预期寿命上提供高回报是没有意义的，因为根据正态分布曲线，其发生的概率只有50%。基于这种定价方式，投资者的股权收益应该分担个人和投资组合的长寿风险。因此，对于超出预期寿命的事件，长寿风险保险显得更有价值。这样一来，投资者仍可获得在购买保单时他希望获得的回报。另外，索赔的限额不应是所投资保单的全部保额，而是需要扣除一定百分比后的部分。保险方提供的补偿应该高于其收取的保费。这类保险的标的是为了保障投资者的本金，而不是保障其投资利润。承保公司希望在涵盖风险的前提下获得承保利润，如果股权投资者认为被保险人很可能在预期寿命范围内身故，那就可以考虑进行股权投资。上述所得利润均需与股权投资者分享。如果一家保险公司要承保投资人的利润，它所收取保费的费率就类似股权的费率，而不再是简单的基础费率。

令人不可思议的是，一些投资者仍希望通过缴纳少量保费将长寿风险转移给保险公司。这种需求诱发某些不道德的人建立了虚假的保险公司，收取预期寿命（LE）保险保费，但却从没打算赔付——实际上这就是一个庞氏骗局。

尽管确实有一些合法的保险公司为长寿风险提供保险产品，但承保标准非常严格，限制了符合条件的案例数量。这种保险的理想投资者维持一个重要的投资组合，其中一部分投资组合的保险可以得到保障，而剩余部分可以通过多样化和股权管理，对投资组合的某些部分提供保险应能降低整体波动性，从而增加价值或降低用于维持保费的资本成本。

其他不太常见但仍可能对保单贴现交易产生负面影响的因素包括：

（1）年龄/性别的错报。保险公司发现在计算其保单保险利益时，虚报年龄、性别的。

（2）利差。造成贴现交易利差的原因，一是保险公司延期支付身故保险金，二是保险公司的表定利率低于投资组合的融资利率。

（3）年金（保单）解约。在年金保单的交易中，保险公司对年金保单提出异议，导致所付保费损失。

（4）补充保费。人寿保险公司每月提高定期保险费率或手续费，或降低其贷款利率时，可能需要额外的保费（超过原来的当期付款），以维持保单的有效性。

（5）105 岁。如果标的寿命达到 105 岁，身故保险金可能会被取消，投资者将无法收回其投资。

（6）保单贴现市场政策变化。法律、法规或税收政策等的更改可能会消除目前与保单贴现行业相关的经济因素。在这种极端情况下，拥有保单贴现投资组合的投资者可能无法实现预期的回报。

这些不常见的风险很容易通过评级良好的保险公司提供的财产损失保险来减缓，它们不仅了解风险，而且已经相应地对这些风险进行了定价。

随着投资者对保单贴现市场的关注度不断升高，组织者正着手设计一些创造性的交易，这些交易承诺从一种另类资产类别获得更高的回报，这种资产类别是基于寿命的（与传统投资无关），并由寿险公司的信用价值提供担保。投资者必须全面了解保单贴现市场的各类风险，并积极寻求与相关风险保险的服务提供商进行合作。

注释

1　尼莫·佩雷拉和贝安·里维斯，《保单贴现的风险缓解》，《结构金融期刊》，2006 年。

2　纽约国际新闻社。第 3205（a）（1）条（Mckinney Supp，2003）。

14

保单贴现证券化组合的风险管理

——预期寿命及其久期、凸度指标

查尔斯·A. 斯通 （Charles A. Stone）

纽约市立大学布鲁克林学院，经济系教授

安妮·齐苏 （Anne Zissu）

纽约市立大学城市技术学院商业系教授，

纽约大学多元技术学院金融工程系教授

美国人口普查局（U. S. Census Bureau）预测，从 2010～2020 年，65 岁以上的人口将增加 1320 万，占总人口的比例将从 11. 4% 上升至 14. 1%。因此，我们大家将面临如何平衡和管理死亡风险及长寿风险这一复杂而困难的问题。保单贴现开始越来越受欢迎，特别是对于那些身体状况不佳的老年人而言，出售他们的寿险保单可以获得资金改善生活。人寿保险的二级市场是一个有价值的选择，它鼓励人们购买人寿保险，并在必要时按其市场价值进行清算，以支付长期护理费用。环球美国金融公司（the Universal American Financial Corp. ）在 2006 财年提交了一份年度报表 10 - K[*]，我们摘录了以下

---

[*] 10 - K，即 10 - K 表格，适用于美国上市公司。在每个财政年度末后的 90 天之内（拥有 7500 万美元资产的公司必须在 60 天之内），公司要向美国证券交易委员会（US Securities and Exchange Commission, SEC）递交 10 - K 表格，内容包括公司历史、结构、股票状况及盈利等情况。——译者注

内容，它概述了人们对可以平衡长寿和死亡风险产品的需求不断增长的原因。

我们认为，在向不断增长的老年人市场提供一系列产品，特别是医疗保险方面，存在着诱人的增长机会。目前，有 4400 多万美国人有资格享受联邦医疗保险，这是一项为 65 岁以上的人和 65 岁以下的某些残疾人提供基本医疗保险的联邦计划。根据美国人口普查局（U. S. Census Bureau）的数据，美国每年有 200 多万 65 岁以上的老年人，随着所谓的婴儿潮一代开始步入 65 岁，这个数字预计还会增长。此外，许多传统上为退休人员提供医疗和处方药保险的大雇主已开始削减这些福利。

（环球美国金融公司，截至 2006 年 12 月 31 日的财政年度报表 10 - K）

未到期的寿险保单存量将推动未来保单贴现市场的增长，寿险保单二级市场的发展将促进保单贴现池交易的进行和证券化。寿险伙伴控股有限公司估计 2008 年保单贴现市场规模为 70 亿美元（Life Partners Holdings, Inc. 表格 10 - K 适用于截至 2008 年 2 月 29 日的财政年度）。

寿险保单二级市场可以提高保单在一级市场的价值。人寿保险公司明白，被保险人在整个生命周期中，对人寿保险的需求并不是一成不变的。人们既可以将人寿保险换成长期保险，也可以转换成基于市场预设价格的看涨期权。目前，我们在计划构建未来的保险：保险合同事前可以约定在未来某天可以进行清算或转换，或者当决定出售保单时，可以直接按二级市场价格进行交易。寿险提前给付是保险公司在某些保单上提供的一种选择。如果被保险人被诊断出患有绝症，预期寿命为 24 个月或更短，那么他们有权在死亡之前申请获得身故保险金。现如今需要长期护理但不一定身患绝症的人，也可以申请寿险提前给付。

例如，2005 年 2 月，安联人寿（Allianz Life）发行了包含多项附加条款的 GenDex-SPTM 和 GenDex II 人寿保单。附加条款包括：一是长期护理提前给付条款，"允许被保险人在证明患有符合条件的慢性病时提前给付身故保险金"；二是终末期疾病提前给付条款，"提供提前 100% 支付身故保险金"，但仅限保单保额 100 万美元以内的（含 100 万美元），其中还需扣除不超过 1% 的手续费。（北美安联人寿保险公司，新闻稿）

寿险提前给付使得疾病诊断范围超出终末期疾病，并将索赔申请时间提前了 2 年，这侵蚀了保单贴现提供的价值边际。尽管如此，寿险提前给付仍只是提供部分且受限的清算，而保单贴现提供了一种保单的完全清算。

与此同时，目前65岁以上人群所拥有的寿险保单数量庞大，寿险保单的二级市场也十分庞大，因此保单贴现市场有充足的发展空间。

寿险保单二级市场增加了保单的流动性。由于流动性具有正向价值，寿险保单二级市场的发展将会促进整体寿险行业的发展。正如抵押贷款发放机构一样，愿意支付一定费用，将流动性较差的抵押贷款池换成流动性更强的抵押贷款支持证券（即便是在当前证券化市场受到干扰的情况下）。随着寿险保单流动性的增加，它在许多家庭的财务规划选择中所占的比重越来越大。

如果家庭已经积累了足够的财富，或者其财务规划更倾向于理财投资，那么人寿保险的保障价值相对而言就不高了。当防范长寿风险不再是家庭的首要需求时，通过保单贴现市场清算保单的选择将变得更有意义。

2007～2008年的金融动荡是由房价的快速下跌和次级抵押贷款市场的崩溃引发的，它提高了与信贷和股票市场无关的金融资产的价值。了解2008～2009年金融动荡的压力如何影响人口的死亡风险将是一件有趣的事情。保单贴现合同和保单贴现基金的业绩与这些市场无关。虽然保单贴现合同与一般市场无关，但其业绩表现与承保公司的偿付能力相关。投资者通过限制最低赔付等级的保单数量，以及分散投资多家保险公司的保单，来降低此类风险。

我们致力于对保单贴现市场进行分析，就如何改进对保单贴现池中风险的测量，为基金经理提供合适的建议。通过更好地管理风险，市场将能吸引更多的资金，从而更有效地利用杠杆，最终为有兴趣出售保单的人提供更好的定价。我们研究和分析寿命的变化如何影响价值，以及投资组合经理该如何有效地控制这类风险。

老年人保单贴现是指保单持有人将保单出售给投资者，投资者承担缴纳保费的责任，并成为保单的受益人。一般来说，投资者都是保单贴现公司。这些公司专门寻找、评估和购买寿险保单。"老年"的标识是贴现人（保单的卖方）的年龄。目前，这个市场由65岁以上的贴现人组成。这个年龄不是一个固定的限制。65岁以下但健康状况不佳的人所持有的保单，也可在二级市场进行贴现。区分保单贴现投资组合和其他在资本市场上融资的金融资产池，其关键因素是长寿风险。长寿风险是指被保险人的实际寿命超过保单贴现公司或投资人参照的预期寿命。保单贴现公司为贴现保单支付的价格，以及投资者在资本市场上为投资组合再融资而发行的证券的价值，这些都与投资组合保单池中被保险人的预期寿命相挂钩。也就是说，在领取身故保险金之前，保单的有效期限是多久。在本章中，将描述一个之前开发的可以用来评估长寿风险的指标体系。我们采用固定收益证券利率风险的期限评价指标，对长寿风险进行评估。基金经理可以使用它来选择处于风险参数范围内的贴现保单。它也可以被那些在传统固定收益证券投资组合中加入由保单贴现资产支持证券的投资者所使用。

保单贴现合同的价值基于贴现人的预期寿命，而预期寿命又是其年龄和健康状况的函数。对贴现保单的估价是通过扣除假设的贴现人预期寿命期间所需支付的保费和贴现人死亡时将获得的身故保险金进行折现来实现的。如果贴现人的寿命超过预期寿命，则需要支付较多的保费，领取身故保险金也需要较长时间。

老年保单贴现证券化组合的实例

老年保单贴现证券化组合的实例：Lifemark 安全收益债券（SIB），SEK 系列，5 年期/年付款

以下是从 http：//www/carlkliem. lu/documents/Alternative%20Investments/Lifemark%20Brochure/Lifemark%20%20-Brochure%20-%20GB%20-%20EUR. pdf. 获得的 Lifemark 安全收益债券交易（SIB）的描述。

资产配置

该投资组合将持有 30% 的现金成分和 70% 的保险成分。现金部分用于支付保费和支付投资者的收入。通过到期的保单来平衡资产组合。

保单选择

SIB 由 Lifemark S. A. 建立，有严格的标准来规范可持有保单的类别，明确了校验的责任和风险。

允许的保单类型：个人定期寿险、不可撤销或转换的团体保单、变额

（灵活）寿险、联合生存（第二生命）寿险。

　　被保险人年龄：购买时至少 65 岁。

　　预期寿命：大于 24 个月，小于 94 个月。

　　内部收益率（IRR）：至少 10%。

　　每个被保险人的最低保额：25 万美元

　　每个被保险人的最高保额：1000 万美元。

　　投资组合中的最低保单数量：前 1 亿美元的投资组合中保单的数量至少为 60 份，超出部分不设保单数量限制。

　　保险公司评级：所有保险公司的标普评级至少为"A－"。

　　保险公司在投资组合中的比重：任何单一保险公司的比重不得超过 10%。

　　贴现核保人预期保险金给付日期范围：最低 25 个月，最高 168 个月。

　　合同校验：Meditron 资产管理有限责任公司。

　　采购合同支付代理机构：纽约银行。

　　保费支付代理机构：纽约银行。

产品结构

　　Lifemark 安全收益债券是以欧元、瑞典克朗或英镑计价的债券，将在卢森堡证券交易所（Luxembourg Stock Exchange）交易。

投资目标

　　SIB 的投资目标是在 5 年的期限内定期提供固定收益，并在到期时提供全额资本回报。资本的回报是没有保证的，投资者在投资期限结束时得到的回报有可能会低于最初的投资本金。

交易参与者

　　发行人 Lifemark S. A. 。

　　Lifemark 是一家快速成长的公司，是欧洲最大的经营美国老年保单贴现投资组合的公司之一。自 2006 年成立以来，Lifemark 已经募集了超过 7.5 亿美元的资金。美国老年保单贴现投资组合是通过成熟的投资组合构建技术形成的新型资产投资产品。该产品为投资者提供了与股票市场表现无关的长期稳健收益，且风险易于理解。Lifemark S. A. 是卢森堡的一家证券化公司，由卢森堡金融监管机构监管委员会（Commission de Surveillance du Secteur Financier）授权和监管。

Lifemark 收益债券的投资说明表

产品名称：Lifemark Secure Income Bond（SIB）。

发行人：Lifemark S. A. 。

客户主张：SIB 的投资目标是在 5 年的期限内定期提供固定的票面利率，并在到期时获得全额资本回报。资本的回报是没有保证的，投资者有可能在期限结束时得到少于原投资额的回报。

利息支付频率：每年一次，自 2009 年 8 月 1 日开始。

周期：5 年。

票面利息：欧元/瑞典克朗：年息 7% 或季息 1.706% 。

英镑：年息 7.5% 或季息 1.875% 。

计价货币：欧元或瑞典克朗

最低投资额：至少 6000 欧元、60000 克朗，或者 4000 英镑，没有上限。

票面价值：1 欧元，1 克朗，1 英镑。

发行价格：票面价值。

赎回价格：100。

抵押品：评级为 A - 或更高的保险公司承保的美国老年人寿险保单和现金。

费用：所有费用包含在提供的条款中，一次性付清。

住址：卢森堡。

上市及支付代理：卢森堡富通银行

注册人：Equity Trust Co.（Luxembourg）S. A. 。

转移代理托管人：欧洲银行公司（Lux）。

受托人：纽约银行。

顾问：投资者卢森堡公司。

分销商：Carl Kliem S. A.（机构结算）252，Routed'arlon，L - 1150 Luxembourg，www. carlkliem. lu，电话：（+352）458484 - 254，Craig Griffiths（cgriffiths@ bloomerg. net）。

上市：卢森堡证券交易所

购买的每一份保单都要经过评估，主要取决于预期寿命。一旦决定购买保单，通常至少会进行两次价值评估。先评估保单是否符合投资标准。如果符合则需要独立的第三方进行校验。该投资组合通过建模为投资组合提供一个回报的分布情况，这与建模所使用的保单预计到期时间密切相关。任何保单的等价价值都不得低于 25 万美元（约 19.5 万欧元）。

投资时机

精算模型设定的理想采购期限是 6 个月。如果在无法预见的情况推迟了计划，应采用保守的办法灵活地继续采购保单。

收入及资本偿还

SIB 计划在到期日兑付全额本金，和五年期每年年化 7% 的收益。

5 年期。

年化 7% 或季化 1.706%。

当 SIB 到期时，剩余未到期的保单将被出售。此外，还建立了减轻其他风险因素的机制。

现金和保单的组合允许用于收益支付、提前赎回和保费缴纳。

一份保单的价值随着时间的推移而增加，因为它很可能即将到期。

预测成熟率

用于 SIB 财务模型的精算假设基于公认的行业标准。虽然这些因素不会迅速变化，但存在一种风险，即重大的医疗技术或药物开发可能会影响模型的准确性和保单到期时间。基于投资组合的预测规模和保单预期到期日的区间，这种风险被认为概率很小。另外，这类医学进步不可能影响所有保单，也很难在 SIB 的 5 年计划期内获得监管部门的批准。

交易保单的估价

SIB 中使用的精算模型已经过压力测试，但不能保证它们完全如预期那样发挥作用。如果投资组合到期时保单仍未到期，这就导致了这些保单被错误定价。它还假定，SIB 持有保单的时间越久，其市场价值就越大，因为它更可能接近保单到期日。如果市场动态发生变化，就不是这种情况了，保单可能会面临贬值。如果发生这种情况，在投资组合到期时将出售剩余保单以获得现金，资本可能不会全额返还。分析表明，这类风险很小，因为已经被分散到了多家保险公司。

寿险保单贴现模型

在 Lifemark S. A. 的资产证券化组合的条款表中，投资目标是"年化目标为7%（欧元）和7.5%（英镑），净收费。"

我们对保单贴现市场的贡献在于为投资者提供了一种衡量工具，使他们能够理解预期寿命评估中的偏差，以及它如何对投资收益产生影响。我们证明长寿风险对收益的影响取决于构成保单贴现池的个人寿险保单的特性。

"投资目标"是 Lifemark S. A. 资产支持证券化组合描述中的关键段落：SIB 的投资目标是在五年的期限内定期提供固定收益回报，并在到期时提供全额资本回报。资本的回报是没有保证的，在投资期限结束时投资者得到的回报有可能少于最初的投资额。

该协议的后面明确了固定收益率为每年7%。资本回报得不到保障的主要原因是存在长寿风险，即被保险人寿命超过预期寿命。

斯通和齐苏（Stone and Zissu，2006）研究出了他们所称的 LE 久期（life-extension duration）、修正 LE 久期（the modified LE-duration）和 LE 凸度（life-extension convexity），来解决老年保单贴现证券池或保单贴现基金中的投资者所面临的长寿风险。LE 久期是在给定贴现人预期寿命的百分比变化值的情况下，来衡量保单贴现价值的百分比变化情况。修正 LE 久期是在给予一个微小变动的情况下，来衡量保单贴现价值的百分比变化，而不再用被保险人预期寿命的百分比。投资者在购买寿险保单支持的证券时，将获得相关保单中各种参数的信息。利用投资者拥有的保单池的信息，我们推导出修正 LE 久期和 LE 凸度。这些指标提供了关于证券对预期寿命偏差的敏感度信息。在这一章中，LE 代表"预期寿命"。

下一节总结了斯通—齐苏模型。然后，我们描述了一个典型的老年人保单贴现，并应用 LE 久期、修正 LE 久期和 LE 凸度来衡量长寿风险。通过使用这些测量指标，能够评估出保单贴现池对被保险人的预期寿命变化的敏感度，从而可以在不同的保单贴现池之间做出适合的选择。这是为保单贴现合同和个人寿险保单寻找一致价格的第一步。

斯通－齐苏模型（Stone-Zissu Model）

摘自《衍生品期刊》，2006 年。

老年保单贴现的估值 $V(sls)$，是通过折现每年年底支付的保费 P 和在被保险人死亡时收取的身故保险金 B 来计算的。为简便起见，假设收益率曲线是光滑的，折现率为 r。估值基于 t 年预期寿命，如式（14.1）所示。

$$V(sls) = -P\left[\frac{1}{(1+r)^1} + \frac{1}{(1+r)^2} + \cdots + \frac{1}{(1+r)^t}\right] + \frac{B}{(1+r)^t} \quad (14.1)$$

式（14.1）改写为：

$$V(sls) = -P\left[\frac{1}{r} - \frac{a^t}{r}\right] + Ba^t \quad \text{where } a = \frac{1}{(1+r)}$$

重新排列之后变成：

$$V(sls) = a^t\left[\frac{P}{r} + B\right] - \frac{P}{r} \quad (14.2)$$

式（14.2）对 t 变化的一阶导数如式（14.3）所示：

$$\frac{dV(sls)}{dt} = \left[\frac{P}{r+B}\right]a^t\ln(a) \quad (14.3)$$

将一阶导数乘以 t，再除以保单贴现值，得到 LE 久期，如式（14.4）所示：

$$LE\text{-}duration = \frac{[ta^t(P+rB)\ln(a)]}{[a^t(P+rB) - P]} \quad (14.4)$$

LE 久期为负，说明被保险人的实际寿命超过预期寿命的时间越长，老年人保单贴现价值的损失越大。

保单贴现值相对于时间变化的百分比，而不是相对于时间的百分比变化，修正 LE 久期由 LE 久期除以 t 得到：

$$modified.\ LE\text{-}duration = \frac{[a^t(P+rB)\ln(a)]}{[a^t(P+rB) - P]} \quad (14.5)$$

老年人保单贴现池的投资者可以使用修正 LE 久期来评估池对寿命延长 t 值的敏感性：

$$[\%\,\Delta V(SLS)] = \frac{\Delta t\,[\,a^t(P+rB)\ln(a)\,]}{[\,a^t(P+rB)-P\,]} \tag{14.6}$$

给定池值的变化百分比 $[\%\,V\Delta(SLS)]$，由于寿命延长或缩短而发生的时间变化（Δt），等于池的修正久期（已经扣除寿命延长/减少的变化值 Δt）。

$$LE\text{-}duration = \frac{[\,a^t(P+rB)\ln(a)\,]}{[\,a^t(P+rB)-P\,]}$$

例如，寿命延长两年，$\Delta t = 2$，池的百分比变化值 $[\%\,\Delta V(SLS)]$ 就等于：

$$[\%\,\Delta V(SLS)] = 2\,\frac{[\,a^t(P+rB)\ln(a)\,]}{[\,a^t(P+rB)-P\,]} \tag{14.7}$$

固定收入证券的凸度测量的是存续期随利率变化的比率。随着证券的凸度增加，久期相对于收益率变化的精确范围减小。将凸度的值与久期的值相加，可以修正凸度对久期精确度的影响。

老年保单贴现值对预期寿命的二阶导数除以老年人保单贴现值，得到 LE 凸度：

$$LE\text{-}convexity: \frac{d^2 V(SLS)}{dt^2} = \frac{\left(\dfrac{P}{r}+B\right)a^t[\ln(a)]^2}{a^t\left(\dfrac{P}{r}+B\right)-\dfrac{P}{r}} \tag{14.8}$$

如果结果是正凸度，这意味着被保险人的实际寿命比预期寿命长，保单贴现的价值快速降低。由 LE 凸度引起的老年人保单贴现价值变化百分比计算如下：

$$[\%\,\Delta V(SLS)\,due\ to\ LE\text{-}conv]$$

$$= \frac{1}{2}\,\frac{\left(\dfrac{P}{r}+B\right)a^t(\ln(a))^2}{a^t\left(\dfrac{P}{r}+B\right)-\dfrac{P}{r}}(\Delta t)^2 \tag{14.9}$$

加权平均修正 LE 久期（wa-modified-LE-duration）是将每个保单贴现的持有时间乘以其对应的值，除以整个池的值，将 n 个保单贴现的结果［本例中为（14.13）］相加得到，如式（14.10）所示：

$$wa\text{-}modified\text{-}LE\text{-}duration = \sum_{i=1}^{n} \frac{V(sls)_i}{V(SLS)}(modified\text{-}LE\text{-}duration)_i \tag{14.10}$$

加权平均 LE 凸度（*wa-LE-convexity*），将每个保单贴现的凸度乘其对应值，除以整个池的值，将每个保单贴现个数 n 的结果相加，如式（14.11）所示：

$$wa\text{-}LE\text{-}convexity = \sum_{i=1}^{n} \frac{V(sls)_i}{V(SLS)}(LE\text{-}convexity)_i \qquad (14.11)$$

麦考利（Macaulay）久期和修正久期

式（14.12）为保单贴现合同麦考利久期 D 的计算。每一笔现金流的现值乘以它支付的时间 i，i 从第 1 年到第 t 年，t 是保费停止支付的时间和身故保险金收到的时间。现值之和乘以收到的时间，除以保单贴现合同的现值 P。

$$\underset{i=1}{\overset{t}{D}} = \left[\sum p(i)/(1+r)^i - tB/(1+r)^t \right] P \qquad (14.12)$$

将麦考利久期除以 $(1+r)$ 即可得到修正久期。

接下来，我们计算一个具有以下特征的老年保单贴现的麦考利期间、修正久期以及相应的价值变化：

票面金额 = 10000000 美元

每年的保费 = 500000 美元

预期寿命 = 4 年

见表 14.1。

表 14.1 　　　　　　　　　　　　麦考利久期与修正久期

r	麦考利久期	修正久期	每 100 个基点的价格变动百分比（%）
4%	−4.42	−4.25	−4.25
6%	−4.44	−4.188679245	−4.18
8%	−4.46	−4.12962963	−4.12
10%	−4.49	−4.081818182	−4.08
12%	−4.52	−4.035714286	−4.03
14%	−4.54	−3.98245614	−3.98
16%	−4.57	−3.939655172	−3.93
18%	−4.6	−3.898305085	−3.89

投资者在使用麦考利久期或修正久期来衡量老年保单贴现的利率风险时应谨慎。测量值只对不变的 LE 有效。一旦 LE 附近出现偏差，麦考利久期和修正久期就变得不可靠，因为保单贴现预期现金流的变化。

结论

长寿风险是老年人保单贴现池和终末期疾病贴现池的投资者真正关心的问题。保单贴现行业在描述保单贴现时，常用的说法是将保费 P 和票面价值 B 作为一个比率 P/B。例如，年保费为 4 万美元、面值（身故保险金 B）为 100 万美元的保单贴现可称为 4% 的保单贴现。我们称之为比例 α。使用我们的应用程序，老年保单贴现证券池的发行人或对冲基金经理，可以代为购买老年人保单贴现，选择每个寿险保单与特定的 α，创建特定的长寿风险池以满足投资者的需求。

针对生存保障的需求，市场已经催生了许多年金类产品，还会研发更多的产品。长寿风险是年金承保人非常关心的问题。预期寿命表正在持续而快速地变化。随着时间的推移，死亡率是在稳步下降的。具有长寿风险的证券对预期寿命的变化非常敏感。通过 LE 久期，我们可以衡量这类证券对年金领取者寿命预期变化的敏感性。销售寿险保单的保险公司面临保单持有人过早死亡的风险（死亡风险）。通过投资证券化的老年人保单贴现池，保险公司有可能通过在投资组合中增加长寿风险来降低死亡风险。该投资组合将对死亡率冲击进行免疫。

参考文献

Ballotta，Laura，and Steven Haberman. 2006. The fair valuation problem of guaranteed annuity options：The stocheastic mortality environment case. Insurance：Mathemmatics and Economics（February）.

Best，A. M. 2005. Life settlement securitization（September 1）.

Blake，A. J. G. Cairn'，and K. Dowd. 2006. Living With mortality：Longevity bonds and other mortality-linked securities. Presented to the Faculty of Actuaries（January 16）.

Cowley, Alex, and J. David Cummins. 2005. Securitization of life insurance assets and liabilities. Journal of Risk and Insurance 72 (2) (June): 193 – 226.

Doherty, Neil A. , and Hal J. Singer. 2002. The benefits of a secondary market for ife insurance policies. Wharton Financial Institutions Center, November 14.

Dowd. Kevin, Andrew J. G, Cairns, and David Blake. 2006. Mortality-dependent financial risk measures. Insurance: Mathematics and Economies 38 (3) (June 15): 427 – 642.

Goldstein, Matthew. 2004. Dying for 8% —investors beware. Tavakoli Structured Finance. Inc. August.

Ingraham, Harold G. , and Sergio S. Salani. 2004. Life as viable option.

Journal of Financial Service Professionals (September).

Lili, Yiiia, and Samuel H. Cox. 2005. Securitization Of mortality risks in life annuities.

Journal of Risk and Insurance 72 (2) (June): 227 – 2. 52.

Milevsky, Moshe A. 2005. The implied longevity yield: A note on developing an index for life annuities. Journal of Risk and Insurance (72) 2 (June): 301 – 320.

Richard, Christine. 2004. With MYM70M bond deal, Wall Street manages to securitize death. Wall Street Journal, April 30.

Stone, Charles A. , and Anne Zissu, 2006. Securitization of senior life settlements: Managing extension risk. The Journal of Derivatives, Spring.

Stone. Charles A. , and Anne Zissu. 1996. Risk management-risk measurement.

Letter from the Editors, The Financier (3) 4&5.

Stone. Charles A. , Carlos Ortiz, and Anne Zissu. 2008. Securitization of senior Life settlements: Managing interest rate risk with a planned duration class. The Journal of Financial Transformation. August.

U. S. Department of Health and Human Services, 2007. Long-Term Care Information. Longer lives spur new "death" benefits, Financial Advisor Magazine. May 31. www. longtermcare. gov/LTC/Main_Site/Paying_LTC/Private_Programs/Other-lnsuranec/indcx. aspx.

15

保单贴现资产的风险管理[*]

——对冲保单贴现池的 α 和 β 寿命风险

安东尼·R. 莫特 （Antony R. Mott）

毅联汇业（ICAP）资本市场结构性保险产品总经理

- 快速增长；
- 一个有争议的主题；
- 与股票市场无关的高利润的前景。

这些特点吸引了投资者和好奇的公众对保单贴现市场的兴趣。

随着公众关注度增高，监管机构很快参与进来。其中关注的焦点之一是那些本应为被保险人提供服务的中介机构，是否会给被保险人带来风险。另外的一个焦点是保单贴现行业是否会给保险公司的盈利能力带来潜在威胁。

相比之下，投资者面临的风险却没有得到足够的重视。或许这是因为那些购买保单的人是专业投资者，他们不像普通公众那样需要同等程度的保护。

---

[*] 转载自 2007 年夏季出版的机构投资者期刊《结构性金融期刊》。**免责声明**（编者注）：本材料仅供您的私人信息使用，毅联汇业资本市场Ⅱ-C 不会据此要求您采取任何行动，也不会对任何证券信息或数据进行背书、推荐、招揽或赞助，或与之相关。我们并不代表该等资料准确或完整，亦不应以此作为依据。所表达的意见仅为本材料所载之日起我们目前的意见。毅联汇业资本市场及其同伙，官员，董事，合作伙伴和雇员，包括参与编制或发行本材料的人员，可不时对买卖本协议中提及的任何商品、期货、证券或其他工具进行投资，或与之相关的任何衍生品（包括期权）。

这可能是因为某些投资风险是保单贴现特有的，就像暗礁：如果你没有意识到而且幸运的话，你可以愉快地驶过（这里的意思是因保单贴现的风险是特有的，有些可能还未被发现，所以未受到关注。——译者注）。或者是因为投资者必须等上4~7年才能知道投资结果如何，而大多数资金池成立还不到4年。

有多少投资者净赚了13%的预期收益？

一些资金池所有者报告称，其达到了目标收益；另一些公司的报告则显示其收益与伦敦同业拆借利率式的收益持平。在低迷的市场上，不止一个资金池陷入了困境：这些资金池的基金经理正忙于劝退贪婪的投资者。

幸运的是，一旦投资者知道潜在的风险在哪里，就可以选择策略和风险转移产品来规避或管理风险。

影响保单贴现池的风险

保单贴现池受到面值差异风险和长寿风险的影响最为显著[1]。当保单贴现池中的被保险人拥有不同面值的保单时，就会产生面值风险。面值差异风险有时被称为严重风险或事件风险。

为了说明每种风险，让我们先看看如果没有面值风险和长寿风险是怎样的。图15.1展示了典型的寿险保单贴现池所产生的现金流（该保单贴现池由300名左右健康状况不佳的被保险人组成，其面值总额为10亿美元）

那些刚开始投资保单贴现池的人可能会惊讶地发现，包括我们的例子在内的典型贴现池最初都是负收益。在头一两年，我们预计几乎所有的被保险人都能活下来，而我们必须支付保费以维持保单有效。假如我们为投资池支付了2亿美元（票面价值的1/5），年保费平均为票面价值的5%，那么我们每年将支付近5000万美元，仅仅是为了维持投资——而这种情况至少要持续好几年。

当一个池的实际死亡情况与预期不同时，长寿风险会导致超额回报或损失。实际上长寿风险有两种类型，通常会把它们放在一起：α长寿风险和β长寿风险，两者相辅相成。α长寿风险源于市场参与者之间的信息不对称，类似于股市中使用的技术风险比率。β 长寿风险是指保单贴现池对影响普通人群寿命变化的敏感性，与股票市场中使用的 β 技术风险比率相当。

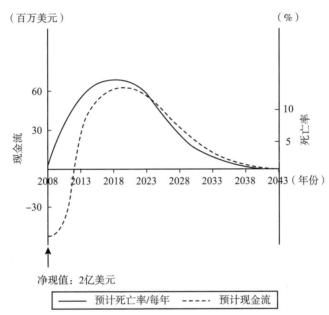

图 15.1 保单贴现池所有者的预计现金流（总值 10 亿美元，300 名个体）
资料来源：Swaps Market。

为了对比这两种长寿风险，我们研究了与 300 名参保个体（每个人的健康都受到了损害）相关联的保单贴现池。我们期望 300 名研究对象的平均预期寿命为 8 年，而从普通人群中随机抽取的 300 人的平均寿命为 11 年。

α 长寿风险是对健康受损情况的误判，或者新药/新型治疗方法帮助治愈某些疾病，结果保单贴现池中，被保险人活了 10 年，而不是 8 年。

β 长寿风险是全部人口寿命意外增长的风险，使得相关联的个体可能活8.1 年，而不是 8 年。

α 长寿风险大于 β 长寿风险，且这两种风险不一定相关，它们之间存在基本风险。

贴现核保人在预测寿命方面，面临着艰巨的任务。如果贴现核保人告诉我们，保单贴现池的平均预期寿命是 11 年，那么预计大约一半的被保险人在第 12 年的时候还活着。依赖这些预测会同时带来上述的两种长寿风险。

如果保单贴现池的现金流取决于 10000 个人的寿命，我们可以得到如图 15.1 所示的平滑而稳定的现金流曲线，即如图 15.2 所示中预计现金流；但是，保单贴现而池的现金流可能仅取决于 300 个人左右的寿命，如图 15.2 所示中实际现金流，提示实际结果可能不同。图 15.2 说明了在建模中添加一定程度的现实因素时的情况。

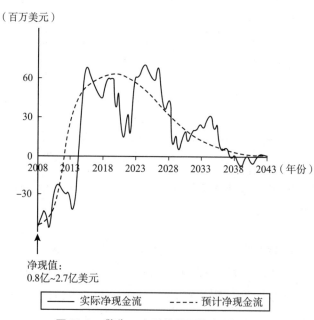

图 15.2　警告：实际结果可能有所不同

资料来源：Swaps Market。

这里需要注意的是路径的随机性程度，而不是路径本身，这只是使用类似池的实际结果和随机技术的组合建模的无限可能性中的一种。

图 15.2 中出现混乱的现金流，是由于我们引入的唯一差异变量缺乏多样性造成的，与贴现核保人关系不大。即使贴现核保人做得很好，而且我们能

够确定平均预期寿命，图 15.2 所示的情况也会出现。

贴现核保人通常没有足够的数据来保证工作准确无误。对预期寿命的系统性低估或高估被称为表偏差（table bias）。为了清晰起见，下面的几张图表显示了表偏差对现金流的影响，忽略了随机偏差的长期存在和复合效应。

图 15.3 说明了平均寿命延长，即与保单池相关联的被保险人的实际寿命通常比贴现核保人的预期寿命更长。

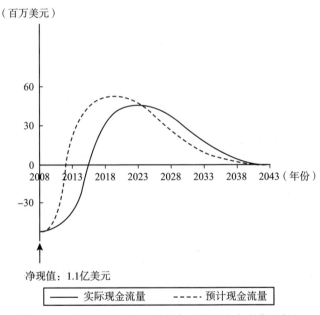

图 15.3　系统性低估的预期寿命（被保险人寿命延长）

资料来源：Swaps Market。

平均寿命延长几乎占了净现值（NPV）的一半，因为我们收到现金的时间比我们想象的要晚，支付保费的时间也更久。

即使贴现核保人正确地预测了平均预期寿命，但如果忽略了其他不太明显的表偏差因素，也会导致贴现池净现值的高估或低估。

图 15.4 说明了，在早期实际死亡率低于预期时、中期死亡率加速时和末期死亡率降低时，净现值是如何受到影响的。然而平均预期寿命本身并不能

直接反映我们池的净现值接近 1.5 亿美元，而不是 2 亿美元。

为了帮助我们更好地评估保单贴现池，贴现核保人可能会为我们绘制分布图，或者其他三个统计度量：标准差、峰度和偏度。标准差度量的是分布的离散程度，而峰度描述的是分布的"点性"或"平整度"，偏度度量的则是分布的不均衡性。统计学家将图 15.4 中曲线分布的形状称为尖峰曲线（lrptokurtic），意味着"稀疏膨胀"（thinly bulging）。

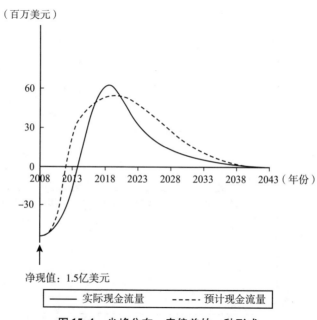

（百万美元）

净现值：1.5 亿美元

——— 实际现金流量　- - - - 预计现金流量

图 15.4　尖峰分布：表偏差的一种形式

资料来源：Swaps Market。

图 15.3~图 15.5 所示的净现值的差异强调了在标准行业实践中将死亡率分布"简化"为平均值的潜在风险。死亡率分布和任何概率分布一样，是一个范围概念，除了最基本的分布外，所有的分布都需要不止一个统计指标来描述。

总而言之，在你购买保单资产之前，请向你的贴现核保人咨询预期寿命信息，以及平均值、标准差、峰度和偏度。

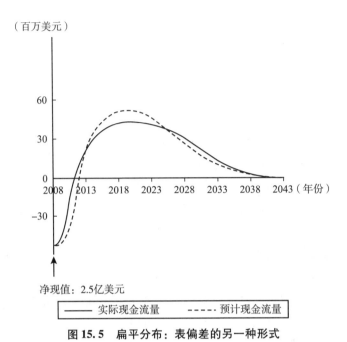

（百万美元）

净现值：2.5亿美元

—— 实际现金流量　　- - - - 预计现金流量

图 15.5　扁平分布：表偏差的另一种形式

资料来源：Swaps Market。

α 长寿风险影响下的保单采购策略

我们之前提到过，α 长寿风险源于市场参与者之间的信息不对称。一些保单贴现投资者思考如何利用精算学的专业技能从保险公司赚到钱。新进市场的投资者则认为，保险公司更精于保险精算，因为过去百年来它们是一直盈利的，而自己相对而言只是知晓一二。

（1）对保单贴现买家利用保险公司基于保单失效的定价模型进行套利的行为，保险公司、中介机构和投资者有着许多嘈杂的声音，意见不一。对于某些类型的保单，其失效率接近 80%，乍一看，这家保险公司脆弱性较为明显，这对投资者来说似乎是一个诱人的机会。不太为人所知的是，针对老年人制定的保单其失效率可能低至 9%——而这些老年人是最有可能进行保单贴现的，这与前面提到的 80% 相去甚远。如果套利空间比预期小，那么保险公司只需要稍微提高保费，就能在竞争中打平，甚至占据上风。

（2）一部分投资者认为，只要个体健康受损，保单就一定有价值。但实际上，只有当被保险人是在保单签发后受损的，保单才有意义。如果个体在保单签发时健康已经受损，那么投资者认为保险公司要么没有严格承保，要么假设了很高的失效率。

（3）一些投资者正在考虑"保险公司批准的"保费融资计划，保险公司显然意识到了保单作为保单贴现产品出售的可能性很高。保险公司的股东不太可能让管理层承保会损害股东价值的新业务。除非保险公司的资本成本高于保单贴现投资者，否则投资"保险公司批准的"保费融资计划对投资者是不利的，因为其 α 长寿风险可能很高。

（4）一些投资者认为，保单贴现在保险公司业务中的占比很小，所以它们对这一问题不会太关心，而且它们对不断变化的市场通常反应迟缓，这为投资者创造了机会。

事实上，保险公司已经证明它们关注到了这一问题，并且迅速做出了反应。在 20 世纪 90 年代，终末期疾病贴现市场（今天的老年人保单贴现市场的前身）几乎全部消失，部分原因是医学的进步，但主要原因是保险公司引入了寿险提前给付，现在多数保单都拥有此选项。

（5）投资者对保单的估价部分基于一个或多个贴现核保人出具的健康意见书。而健康意见书基于医疗记录，因此对投资者来说，最大的风险是医疗记录不能准确反映个体健康状况的程度，并不是因为医疗记录存在伪造的风险，而是因为它们的价值有限。例如，医生可能在不太确定的情况下也会提示病情存在的可能性，保守的诊断符合大多数医生治疗病人（而不是投资者）的动机，避免因疏忽而未能提醒患者注意疾病或病情的可能性。

（6）贴现核保人确实也可能会犯非系统性或系统性的错误，而通过在池中增加被保险人的数量，可以最大限度地减少非系统性错误的影响。系统性错误或表偏差可以极大地影响池的净现值，在前一节中已进行了说明。

许多保单确实有贴现的价值。即使你对管理 α 长寿风险有信心，也要记住，在进行有价值的投资之前，还有另外两个与长寿无关的障碍需要考虑：①代表被保险人的中介机构也知道该保单有价值；②通过中介机构后只有

2/3 的资金能够作为投资资本，所以你的投资必须增值 50% 才能达到收支平衡。

下一节将介绍现有的长寿风险管理技术——保险和年金，以及可能提供更廉价、流动性更强的保险替代品的新衍生品。

对冲长寿风险

除非能治愈衰老、世界范围内的瘟疫或其他全球性灾难，否则寿命小幅增长的可能性是确定的，算不上是风险。因此，只要增加保单贴现池中被保险人的数量，就可以管理 β 长寿风险。

通过多样化不一定可以降低 α 长寿风险，因此投资者可以选择的少数几种方案之一就是购买长寿风险保险。

发行长寿风险保险（死亡率保险）的保险公司，将向保单贴现池的所有者收取约等于池市值 30% 的预付费用。保险公司同意在未来某一天以约定的价格（商定的价格通常低于面值）购买任何未偿付的保单。

约定的日期通常是池的平均预期寿命到期的那天（由保险公司而不是保单池的所有者决定），这笔交易通常需要花费几年的时间才能获得良好的平衡。一些保险公司要求池的所有者预付在行权日期前的所有保费。如果保单池的平均预期寿命是 10 年，那么池的所有者必须等到第 12 年才能行权。但应该注意保险公司的信用评级可能低于 AA，甚至可能没有信用评级。

为什么长寿风险保险的定价较高呢？相比发行长寿风险保险的保险公司，早期的保单池的所有者拥有更多关于被保险人的信息，所以，他们会利用这些额外的信息来选择实际寿命更有可能比预期寿命长的被保险人。而同时，保单卖方比保单池的所有者更了解自己的健康状况。让问题更为复杂的是，贴现核保人在预测那些选择向陌生人出售保单的人的死亡率方面几乎没有经验。结果被保险人往往比预期活得更久，导致承保长寿风险的保险公司蒙受了损失。有些保险公司拒绝赔付并将责任归咎于贴现核保人，又导致保单池的所有者也蒙受了损失。如今，保险公司意识到其中存在逆向选择的风险，所以一般长寿风险保险的定价都较高。

保单池的所有者还可以通过购买年金产品来抵消部分保费支出，整体资产的预期收益率可能接近或低于 LIBOR（伦敦同业拆借利率）。

长寿风险保险和年金已存在数年，而新推出的寿命指数为衍生品交易铺平了道路，因为这些指数可以作为贴现交易的参考价值。多数指数是专业机构为受长寿风险影响的客户推出的。

长寿指数允许衍生品和对冲策略每年进行一次结算（有时结算频率更高），而不是到期（10 年或 12 年）才结算。一些市场参与者可能希望建立长寿风险市场，因为他们更倾向于短期风险敞口。而基于这些指数的一系列短期衍生品，可能会提供一种替代长寿风险保险的选择。

瑞士信贷长寿指数（Credit Suisse Longevity Index^{SM}）于 2005 年 12 月发布，旨在为长寿风险转移工具的构建和结算提供便利，如长寿置换（longevity swaps）和结构性票据。瑞士信贷预计这一指数将推动流动性强、可交易的长寿风险市场的发展，因为它根据美国公开的统计数据，为普通人群的平均预期寿命提供了一个标准化的衡量标准。该指数包括过往历史价值和未来预期价值，每年发布一次。

J. P. 摩根于 2007 年 3 月推出了寿命指标指数（Life Metrics Index^{SM}）。该指数是一个旨在衡量和交易长寿风险的国际指数。摩根预计该指数将成为行业的主要指数，被用于开发证券、衍生品和其他结构性产品，并将使养老金计划能够校准和对冲与被保险人寿命相关的风险。该指数结合了历史死亡率与预期寿命的统计数据，且跨越了性别、年龄和国籍。目前该指数适用于美国、英格兰和威尔士。

ICAP 的衍生品市场参考了 vivaDex^{TM} 定义的固定资产池长寿指数。固定资产池长寿指数（defined-pool longevity index），最初源于置换市场（Swaps Market^{SM}），参考了养老金、年金、保单贴现以及其他受 α 和 β 长寿风险影响的寿险相关的资产。标的资产池可以是投资者的保单贴现池，也可以是具有类似特征（如健康受损或同年龄组）的被保险人群体组成的综合资产池，例如："75 ~ 77 岁的男性，不吸烟但身体受损。"固定资产池置换产品以现金保证金和资产池中每年到期的保单作为抵押品。当这些置换产品组合在一起时，市场参与者可以对冲短到 2 年、长到 15 年的风险敞口，并实现收益率转换策略。*

下一节将讨论这些新衍生品的优点和用途，并给出示例，说明池特定的置换功能如何转移长寿风险和面值风险。

长寿置换产品的优点和用途

无论是综合指数还是特定池，长寿衍生品都可以提供比长寿风险保险和年金更高的可替代性。可替代性的提高，可能有助于拓宽用户范围，使其能够接触到寿险市场参与者：保单贴现池、延期年金、为监管救济而发行的证券，以及养老金债务。

与长寿衍生品相比，基于综合指数的长寿置换产品可能比基于特定池的长寿置换产品更具优势，因为它基于综合指数的长寿置换产品：

（1）流动性可能更强，特别是不同的养老基金、保单贴现池、保险公司资产以及其他受长寿风险影响的寿险相关的资产或负债的其他持有人之间的置换综合指数相关度较高时。

（2）易于组合、维持和理解。

如果精算学能够得到改善，并得到市场参与者的广泛理解（因为广泛理解能帮助降低 α 长寿风险），那么这两种类型的置换可能会变得更有效。

而特定池的长寿置换也有一些优势，因为长寿风险的集合只涉及几百个被保险人，而且保单的面值差异很大。在这些条件下，特定池的长寿置换可以：

①更好地与池的现金流关联起来（将具有更低的基础风险），因为它考虑到了面值的差异和医学损伤；

②考虑池的死亡率分布的峰度和偏度，允许 LE 久期和凸度的对冲；

③允许对冲 α 长寿风险和 β 长寿风险。

图 15.6 和图 15.7 说明了短期特定池寿命置换的工作原理。

---

* ICAP 是总部位于英国的语音和电子货币经纪公司和交易后风险管理服务提供商，它主要为金融机构提供服务。ICAP 是 Intercapital 缩写。该公司股票在伦敦证券交易所上市，是金融时报 250 指数成分股。——译者注

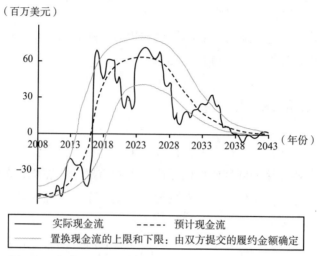

图 15.6　短期置换允许实际现金流和预计现金流进行转换

资料来源：Swaps Market。

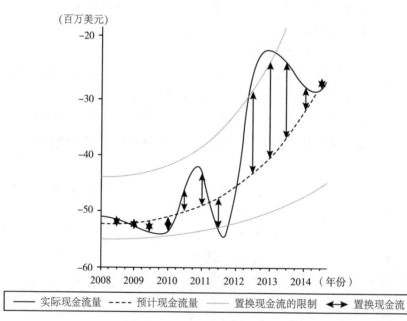

图 15.7　为图 15.6 左下角的放大视图

资料来源：Swaps Market。

当 6 个月内死亡人数超过预期时，"长期"置换方（"long"swaps party，即购买置换产品的一方）的收益就会增加。"短期"置换方（"short"swaps party 是指出售置换产品的一方），当 6 个月内死亡人数比预期要少时，它就会获利。图 15.8 显示了在 6.5 年期内"长期"置换方的实际现金流。

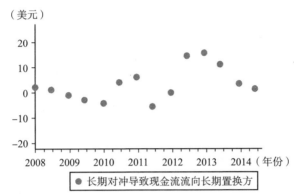

（美元）

2008　2009　2010　2011　2012　2013　2014　（年份）

● 长期对冲导致现金流流向长期置换方

图 15.8　作为对冲工具时，置换产品有效地转移了面值方差、α 长寿风险和 β 长寿风险

资料来源：Swaps Market。

长寿置换（产品）会成功吗？

以往，市场对旨在转移长寿风险的产品反应迟缓。这或许是因为市场参与者不像统计学家那样严谨，往往会忽视远期的风险。也可能是因为现有产品（通常使用来自同质人群的数据作为参考）的作用是对冲 β 长寿风险，而市场参与者面临更多的可能是 α 长寿风险敞口。

如果市场是单边的，那么它可能无法提供足够的流动性：至少有一家长寿基金的发行方找到了愿意对冲的养老基金，但却找不到交易的另一方。

保险公司与保单池所有者面对的 α 长寿风险是相反的，这两方似乎是长寿置换的天然对手。然而，保险公司的责任是承担风险，而不是规避风险。同时，保单池所有者对冲 α 长寿风险的紧迫性比保险公司强，而且其中某些保险公司将保单贴现视为眼中钉。可能需要一段时间保险公司的利润才会受到影响，然后才会相应地产生对冲需求。

保险公司知道它们承保的保单中哪些可能进行保单贴现。对于这些保单，保险公司可能会继续提高保险成本，降低基于假设的失误。保单贴现业务将受到影响，但保险公司大多数的客户不会受到影响。

保险公司可能会开始回购健康受损的被保险人的保单。这一举措类似于引入提前给付制度，该制度可能会彻底摧毁保单贴现行业。

一些潜在的交易对手可能没有可用的资源来衡量长寿风险对其债务的影响：未被衡量的部分将不会被对冲。而其他人可能会找到置换产品的替代品，这将可能使得长寿风险保险和年金的定价更具竞争力。

对冲的需求可能会消失。例如一些企业养老基金为年金成员提供一次性领取的选择，如果一次性领取的净现值小于年金的潜在价值，那么养老基金可以直接将长寿风险转移给年金受益人。其他潜在用户可能会发现长寿风险主要由利率风险、通货膨胀风险和市场风险构成。

一些投资者认为，要做出明智的投资或对冲决策，获取可识别的个人信息是很必要的，而他们从未获得过这些信息，因为几乎所有的置换说明文件都遗漏了长寿置换交易池中个人的身份信息。

保单贴现和长寿置换只是人寿保险不断创新中的两种产品（改编自 Doherty and Singer，2003）[2]。通常，保险公司设计保险创新产品是为了帮助自己及其客户。虽然保单贴现并不能为保险公司提供明显的优势，但长寿衍生品确实让保险行业能够识别、集中和对冲保险公司的风险，而且可能比保险公司自己能做的更有效。

越来越多的企业主动或被动地承担长寿风险，其影响开始表现在资产负债表和损益表上。如果这种趋势继续下去，那么这类置换产品的需求很可能会增加，对能够更好地管理长寿风险的新型衍生品的创新能力也可能会增强。

注释

1　其他业内人士认为，主要风险是法律效力，比如保险公司拒赔的风险，也许是因为客户在投保时就有出售的意图，但直到他试图出售保单时保险公司才发现。

2　尼尔·A. 多尔蒂和哈尔·J. 辛格，《管理人寿保险第二市场》，《保险条例》第21卷，第63页，2003年版。

第 5 部分
监管

16

保单贴现市场监管
——监管框架，寿险公司的反应和市场的后续发展

鲍里斯·齐瑟 （Boris Ziser）

斯特洛克律师事务所合伙人

约瑟夫·塞尔维迪奥 （Joawph Selvidio）

斯特洛克律师事务所合伙人

人寿保险是对个人风险的对冲。这个风险是指由于个人的死亡可能带来的经济困难。如果没有人寿保险，个人过早死亡可能会使得他的孩子支付不起学费，配偶无法过上正常的退休生活，或者与其合作的商业伙伴没有资金继续维持公司运营，资本市场将此称为"死亡风险"。

虽然针对死亡风险的保护措施是家庭财务计划的一个重要方面，但如果一个人活的足够久，而且家庭生活或公司发展都很稳定，那么针对死亡风险所需要的保障需求将会下降甚至可能消失。在这种情况下，保单持有人可能不再需要人寿保险资产。

解锁人寿保单价值的一种方法是通过保单贴现交易将它出售给第三方。人寿保险单的初始所有人以高于其现金退保价值[1]但低于其预期身故保险金的金额向第三方出售该保险单的行为，即为保单贴现。一般此类交易，保单持有人会同经纪人一起寻找愿意为人寿保单支付最高价格的买主。

近年来，对于想要通过交易目前不需要的寿险保单，使得在退休期间有流动资金可用的老年人而言，保单贴现市场越来越具有吸引力[2]。在保单贴现市场出现之前，当个人不想要或不再需要一份人寿保险的时候，只能选择让他们的保单失效或退保以换取退保金。随着保单贴现市场的出现，人寿保险成为一种可转让的资产，像房屋、汽车或船只一样，是可以购买、出售或用作融资的抵押品[3]。

随着保单贴现市场的增长，立法者、市场参与者、保险公司和其他政策制定者，一方面努力在保护消费者免受欺诈和其他市场滥用情况之间取得平衡，另一方面鼓励市场自由，使行业能够充分发挥其潜力。

本章探讨影响保单贴现市场的法规和法院判例，包括各州颁布或考虑过的监管框架。还讨论了寿险公司对这些监管工作和法院判决的反应和参与度，以及这些寿险公司在保单贴现市场持续增长的情况下如何看待保单贴现。本章最后回顾了消费者（和监管机构）对保单贴现市场在新产品和市场参与者方面的未来预期。

监管架构、示范法、法院判决及证券法分析

保险利益及其范围

在开拓保单贴现市场时要考虑的第一个监管原则是"保险利益"的概念。一般情况下，个人或单位不得为任何其他人投保，除非投保人与被保险人有家庭或经济关系。换句话说，一个人只能给希望对方活着的人购买人寿保险，如配偶、孩子或商业伙伴。保险利益的概念至少可以追溯到中世纪的英格兰，当时法院认为作为一个公共政策问题，保险利益的概念是必要的，以防止个人为其他人购买人寿保险纯粹是为了获利。[4]

如果保单持有人需要在人寿保险合同的整个存续期内对被保险人拥有保险利益，那么保单贴现市场将不会存在。因为如果保单持有人只能向有保险利益的购买者出售人寿保险合同，那么买家的范围将会小到无法推行保单贴现[5]。而在近100年前，当时的美国最高法院认为在人寿保单签发后，该保单的持有人可以将其出售给第三方买家，无论该买家是

否对被保险人的生命具有保险利益。保险利益有存在的必要，因为如果承保时没有保险利益，人们就无法控制其他人（甚至可能是敌人）为自己投保。但是，保单生效后这种担忧将不会存在，因为保单持有人将决定是否出售其保单[6]。因此保单签发后，保单持有人可以将其保单"在市场中自由交易"[7]。

早期监管及其局限性

虽然格里斯比（Grigsby）判例奠定了保单贴现存在的基础，但直到20世纪80年代，美国获得性免疫缺陷综合征（艾滋病）流行，才导致大量个人愿意出售其人寿保险以支付医疗费用，这时，保单贴现才真正开始走向市场。这些交易被称为终末期疾病贴现（viatical settlments），主要是身患绝症的个人向大部分不受监管的买方出售人寿保险单[8]。通常情况下，终末期疾病贴现中的被保险人患有绝症或慢性终末期疾病，一般预期寿命不超过两年。而寿险保单贴现是一种预期寿命超过两年的交易[9]。终末期疾病贴现的早期阶段是这个行业野蛮生长的阶段，侵害消费者权益的情况时有发生，为此各州迅速采取行动以规范交易，要求在这些交易中的双方，包括交易中的买方（称为"保单贴现机构"）和促成这些交易的经纪人（称为"保单贴现经纪人"）必须获得各州监管机构颁发的经营许可证和执业证书。各州还要求向监管机构提交保单贴现交易相关文件，赋予保险监管专员管辖权，以更好地监督保单贴现市场[10]。

在许多早期的保单贴现法规中，禁止保单持有人出售生效不满两年的人寿保险保单。据推测，这两年的禁令旨在防止个人购买人寿保险的目的是为了进行保单贴现交易。还禁止处于可抗辩期的人寿保险单进行交易，因为在可抗辩期内的保单，人寿保险公司有决策权来决定保单是否有效[11]。人寿保险单在签发后不到两年的时间内进行出售的，在业内被称为"墨迹未干"保单，意思是保险合同墨迹未干之前，保单已经被出售。

随着保单贴现市场逐渐成熟，市场参与者至少有两种方式规避了为期两年的可抗辩期。第一种方式为受益权转让计划。这种商业计划中，个人创建了不可撤销人寿保险信托（称为保险信托或 ILIT*），然后由信托购买人寿保险单以保障个人的生命。该信托计划指定该个人的配偶或该个人家庭的一个或多个成员为该信托的一个或多个受益人。人寿保险单签发后不久，每位受益人就可以将其在 ILIT 的权益出售给第三方买家。这些计划试图通过出售拥有的人寿保单的受益权而不是出售保单本身，来避免触犯保单贴现法。通过这种方式，可以间接在保单两年持有期之前出售对保单的受益权。

第二种方式由投资人创建或陌生人创建，或者是陌生人持有，统称为"陌生人保单"（STOLI）。这种商业模式是由陌生人发起的无追索权保费融资计划或其他交易计划，旨在鼓励个体购买寿险保单，并将保单在二级市场进行贴现交易。

与受益权转让计划一样，陌生人交易计划也是先由个体创建保险信托，然后由该信托为某个体购买人寿保险。该信托指定个人的配偶或个人家庭的一个或多个成员作为信托的一个或多个受益人，在某些结构中，有时甚至可以间接指定参与的投资者为受益人。为了支付寿险保单的保费，投资人将向保险信托提供由相关保单担保的无追索权贷款，或由自己直接缴纳。

与受益权转让计划不同的是，有的陌生人交易计划不允许个人在两年可抗辩期结束前出售保单。这些计划有时会使保险信托陷入经济困境，而使得保险信托只能将寿险保单出售给保费融资出借人或其他机构，这是由于利率飙升、出售受限或其他结构性特征所导致的。这种陌生人交易计划遭到人寿保险公司的强烈反对，同时也引起了监管机构的关注，监管机构认为这些交易规避了州立保险法。

在某些情况下，保单持有人有合理的遗产和税收筹划理由来创建保险信托。例如，高净值个人可以将人寿保险单放在保险信托中，以防止保单的身故保险金被计入遗产中扣除遗产税。虽然不是在每个州都有明确声明，但从法院判决和立法的最新趋势来看，保险信托对其授予人的生命具有保险利益的概念得到了普遍认可。

---

　　* ILIT 以保险金或者人寿保险单作为信托财产，由委托人（通常为保单持有人）同受托人（信托机构），签订信托合约，当被保险人死亡或保险合同期满，保险公司则将保险金交付信托机构，由信托机构按信托合同约定的方式管理和投资信托财产，并将信托财产及收益按约定方式分配给信托受益人，在信托期满或终止后，信托机构将剩余财产全部交予受益人。——译者注

然而，随着受益权转让计划和陌生人交易计划的交易量增加，一些保险公司开始质疑部分寿险投保申请。这些保单的被保险人往往是老年人，而保单持有人是保险信托。一些人寿保险公司要求创建保险信托（ILITs）的文件副本作为申请的一部分。与此相同，如果申请人寿保险的个人表示他们打算进行保费融资，一些人寿保险公司也要求被保险人提供个人担保或者除人寿保险单以外的最低数额的抵押担保，以确保其能够得到保费贷款。这种额外担保，被称为被保险人的"风险共担"，以证明被保险人有合法的人寿保险需求，而不仅仅是为了将保单出售给投资者。

除了保险公司要求被保险人在融资交易中"风险共担"外，各州还发布了"STOLI 警报"，告知消费者关于陌生人交易计划的风险[12]。美国保险监督官协会（NAIC）和全国保险立法者协会（National Conference of Insurance Legislators，NCOIL）开始考虑修改其涉及保单贴现的法案，各州开始研究新的法规，以禁止上述交易类型。

法案

为解决由于保单贴现市场日益复杂所表现出的监管不足，2007 年 NAIC 和 NCOIL 都批准了新的法案。

NAIC 的新法案规定，将个人购买保单后禁止出售保单的时间从两年增加到五年，以阻止 STOLI 交易。如果前两年的保费来自合规投保人的可支配资产，而不是来自无追索权的保费融资贷款，保单仍可在两年后进行贴现。除此之外，都应在保单生效五年后才可进行保单贴现。延长这一禁售期的目的是，通过降低"两年期"和无追索权的保费融资计划的经济诱惑力，从而阻止陌生人交易计划的发生。

根据 NCOIL 的法案规定，人寿保单禁止出售的期限仍旧为两年。但是 NCOIL 的法案为了更好地识别和禁止 STOLI，将 STOIL 定义为两年期且无追索权的保费融资计划。因为该计划明显允许投资者获得与其无保险利益关系的个人人寿保单[13]。NCOIL 的法案还扩展了寿险保单贴现合同的定义，将受益权转让计划也包含了进去，以阻止该计划的实施。

为了提高保单贴现交易的透明度，NAIC 和 NCOIL 的法案都要求参与这些交易的保单贴现机构和经纪人进行信息披露。此外，还要求参与保单贴现交易的每个经纪人向保单持有人披露与交易相关的个人报酬[14]。NAIC 的法案规定，在保单贴现合同的执行日期之前，经纪人必须披露其在该交易中的总报酬，以及计算报酬的方法[15]。如果经纪人的部分报酬来自保单贴现机构的推荐要约，法案也要求披露其金额和计算方法。

NCOIL 的法案同样要求经纪人在保单贴现合同执行日之前披露报酬[16]。此外，NCOIL 的法案还规定保单持有人理应收到保单贴现的费用详单，以便对保单贴现机构的购买价格与保单持有人的净收入进行比较。

NAIC 和 NCOIL 的法案公布后，各州的立法活动变得非常积极[17]。原先没有保单贴现法律或者只有终末期疾病贴现法律的一些州，开始根据 NCOIL 或 NAIC 的法案来考虑立法。其他有保单贴现法的州考虑用这两种法案中的一种替代原来的法律。还有的州考虑将 NCOIL 法案中 STOLI 的定义添加到现有的保单贴现法案中。截至 2008 年 7 月 31 日，已有 31 个州制定了保单贴现法案，至少有 10 个州的立法专员正在考虑出台相关立法。

行业诉讼

受益权转让计划和陌生人交易计划的模式还带来了另一个公共政策问题，那就是预先安排保单贴现的保险交易的概念。如前所述，人寿保险作为金融产品的最初目的是对冲死亡风险。如果在人寿保单签发之前，初始保单持有人已经预先安排将该保单出售给第三方投资者，则购买该保单的目的是作为一种投资，而不是用来对冲死亡风险。

人寿保险公司和其他反对者认为，这些交易允许个人规避州保险法，从而间接地实现了法律禁止的内容。也有人认为，这类交易仅仅是为了允许投资者对与其没有保险利益的个人购买人寿保险。立法者和监管机构通常把预先安排保单贴现的保险交易视为欺诈行为。然而，制定有效的监管规则并不容易，因为立法者或监管机构必须在保单签发之前确定投保人的主观意图——为什么要投保。

为了打击预先安排保单贴现的保险交易，一些州引入了保单贴现法，其条款与 NCOIL 法案中的规定类似，这些规定明令禁止这类交易。人寿保险公司还试图通过指控这些交易保单的可执行性来打击此类交易。某人寿保险公司在联邦法院提起诉讼，指控预先安排保单贴现交易的保单不可执行，因为这违反了明尼苏达州的保险法[18]。但是联邦法院驳回了保险公司的申请，做出了即决审判。法院认为：指控方必须证明在保单签订之前已经确立了自愿卖方（指初始保单持有人）和自愿买方（指投资者）的关系，才可以认定该保单属于预先安排保单贴现的保险交易。

案例一：斯塔尔斯伯格诉纽约人寿案（Stalsberg v. New York Life Insurance Company）[19]，是人寿保险公司在保单可抗辩期内向联邦法院提起诉讼的一个案例。保险公司认为，最初的保单持有人在保单签发前已经有了安排保单贴现的意图，违反了犹他州保险法关于保险利益的规定，应该判令该人寿保单是无效的。这起诉讼已经结案。

案例二：最近，在佛罗里达州由安盛公平人寿保险公司（AXA Equitable Life Insurance Company）提出的一项控告中，AXA 作为五份人寿保单的签发人，声称这些保单投保时存在欺诈，要求撤销这些保单，并不予退还已经支付的保费[20]。

案例三：在纽约州，作为爱丽丝·克莱默（Alice Kramer）诉讼案中三份保单的发行人，凤凰人寿保险公司提出了多项反诉、交叉诉讼和第三方诉讼。凤凰人寿保险公司指控该保单的经纪人要求保单持有人为预先安排保单贴现的保险交易购买保单，违反了《反诈骗和腐败组织法》（RICO），即美国法典第 18 卷第 1962 节 c 条［18U. S. C. § 1962（c）][21]。如果胜诉，凤凰人寿保险公司将获得三倍赔偿金，并获得诉讼相关费用和律师费用的补偿。

洛贝尔案的判决——纽约州就发生的一项预先安排保单贴现的保险交易作出了即决审判。本案件对此类交易构成因素的分析引起了很多行业内的讨论[22]。该案件的经过是这样的：一位名叫莱昂·洛贝尔的退休屠夫创建了一个保险信托为自己购买寿险保单。洛贝尔先生是该信托的指定受益人。在保单签发六天后，洛贝尔先生将他的信托受益权卖给了投资者。而在这些受益权被出售三周后，洛贝尔先生去世了。投资者对其遗产继承人——洛贝尔的女儿琳达·安洁（Linda Angel）提起诉讼，声称自己才是信托的合法受益人。安洁女士对投资者提出反诉，认为这份保单在签发之前存在预先安排交易的行为，所以该交易违反了纽约州的保险法。法院用简易判决的方式驳回了投资人的请求，理由是：按照安洁女士的陈述，法院可以认为洛贝尔先生在保单签发之前主观上存在出售保单的意图，这违反了保险利益法。

市场参与者对洛贝尔案的判决议论不止，因为该判决只强调了洛贝尔先生的主观意图，而没有根据客观事实来判定它是否属于预先安排保单贴现的保险交易。然而，NCOIL 已经把受益权转让计划定义为保单贴现交易的一种，再加上这些交易中存在保险利益的诉讼风险（取决于保险公司提起诉讼的意愿），最终对这种商业模式产生了寒蝉效应。

证券法分析

保单贴现市场为投资界创造了一种全新的资产类别[23]。作为一种投资产品，保单贴现的一些业务方式受到了联邦证券法规的约束。为了使保单贴现符合联邦证券法，它必须满足《1933 年证券法》和《1934 年证券交易法》规定的投资合同的特征[24]。

在确定保单贴现合同是否为投资合同时，法院采用了三部分测试法，通常称为 Howey 测试*，于 1946 年被美国最高法院采用[25]。经 Howey 测试，如果资金投资于一家共同企业，而且投资人的预期收益主要通过第三方的努力来实现，那么可以认为保单贴现合同是一种投资合同，保单贴现就被视为证券，受联邦证券机构监管[26]。

Howey 测试的第一部分，即存在资金投入，这是保单贴现中无需争议的部分。Howey 测试的第二部分，所有投入被汇聚到同一个项目或资金池中，这可以通过几种方式实现。比如将多个投资人组合在一起，并且每个投资者在同一人寿保险单中具有不可分割的利益。法院将这种关系称为"平行的共同关系"。但是有些法院判决"垂直的共同关系"也符合共同企业的定义，即要求投资者和发起人之间有共同利益。Howey 测试的第三部分，投资人有获利预期，且获利完全依赖于发起人或第三方的努力或经营。如果投资者从其投资中获得利润的机会主要取决于第三方的努力（例如，基金经理成功操作股票投资组合的能力）[27]，而不是取决于外部市场条件（例如，商品市场价值下跌），则满足 Howey 测试的第三部分。

---

* Howey 测试的出台是为了弥补美国证券法和证券交易法的缺陷。美国证券法和证券交易法规定，以下三大类投资产品被归纳为证券：一是普遍被认为是证券的投资产品如公司股票、债券等；二是其他被指定为证券的投资产品，如石油、天然气和其他矿产投资的收益权等；三是其他所有被政府部门认定具有证券性质的"投资合同"。——译者注

在《美国联邦判例汇编》（1996 年第 87 卷第 536 页）的证券交易委员会（SEC）诉寿险伙伴公司一案中，巡回法院裁定除非投资发起人所应用的投资技能，在投资人购买保单贴现之后为其创造利润，否则不能通过 Howey 测试的第三部分。寿险伙伴公司解释道，客观来讲，在购买保单贴现资产后，投资者期望获得丰厚的投资回报并不依赖于投资发起人的技能或努力，所以不能被认定为是投资合同。而且发起人只完成执行层面的任务，如支付保费和跟踪被保险人的健康状况，并没有左右被保险人剩余寿命的能力。

许多法院对寿险伙伴公司的推理持不同意见。例如，在"证券交易委员会诉互惠公司"（SEC v. Mutual Benefits Corp.）一案中，佛罗里达州的联邦[3]法院裁定，投资发起人的售前管理活动也可以满足 Howey 测试的第三部分。参考了互惠公司这一案件后，第十一巡回法院认为，"投资计划可能经常涉及售前和售后管理活动，所以在确定 Howey 的测试是否得到满足时，这两者都应予以考虑。"[28]

根据"互惠案"（Mutual Benefits）的判决来看，投资发起人需寻找贴现的人寿保单，然后就保单的购买价格进行竞标和谈判，同时还需负责获取预期寿命评估结果，并为每一笔交易起草交易文件。投资者会为投资确定一个优先期限，发起人则负责选择被保险人生命预期最符合优先期限的保单进行贴现。

判决该法案的法庭认为，虽然被保险人死亡的时间至关重要，但在这种商业计划中投资的盈利能力最终取决于投资发起人的预期寿命评估和基于预期寿命的购买价格是否合适。拒绝接受寿险伙伴公司决定采用的关于发起人的管理技能是否发生在投资者购买终身寿险保单之前或之后的明线规则*，法院解释说，应该灵活使用自由裁量权来决定这个投资是否可以被定性为证券。[29]第十一巡回法院随后肯定了互惠案的判决，而最高法院拒绝就该案件的进一步上诉进行审理。

---

* 明线（bright line）规则是一个明确的规则或者标准，受到客观的因素干扰很少，基本上不会有可以"讨论"的空间或者这种可讨论空间很少。一个"明线规则"制定的目的是为了在法律的适用范围内，造成一个可以预见的、永远一致的结果。——译者注

如果要贴现的人寿保单是变额寿险保单，则保单贴现也将被定性为联邦法律定义的证券。变额寿险保单可以将其累积的退保现金价值投资于一个证券组合中，这个证券组合与发行保单的寿险公司资产在不同的账户中。2006年，全国证券交易商协会（NASD），现称为金融业监管局（FINRA），发布了一份《会员通告》（*Notice of Members*），其中明确指出了涉及变额寿险保单的保单贴现为受证券法管辖的证券交易。[30]《会员通告》还具体列出了一些对该交易的监管规则。

正如《会员通告》所解释的那样，NASD 的 2310 规则规定，参与变额寿险保单贴现的公司必须有足够的证据证明该交易适合保单持有人。因此需对客户进行适当性分析，该分析主要是根据保单持有人的财务状况、税务状况、投资目标和其他相关的信息，确定保单贴现是否有意义。[31]

2007 年 11 月，脱口秀节目主持人拉里·金（Larry King）对他参与的寿险保单贴现交易提起诉讼，适用性分析立马成为保单贴现市场讨论的热点。金先生在诉讼中声称，被告在建议他投保并随后出售人寿保险单时，未考虑自己的年龄、健康状况或家庭状况（金先生有一个年轻的妻子和未成年的孩子）。诉讼还指控被告没有考虑到这笔交易带来的反垄断税后果，以及金先生拥有的其他人寿保单可能可以卖出更高价格的事实。[32]

《会员通告》还指出，变额寿险保单贴现的发起人有义务对参与交易的保单贴现机构和经纪人进行尽职调查，以了解他们为保护被保险人的个人信息而采取的措施和程序[33]。尽职调查分析包括在贴现交易完成后，被保险人有持续提供其健康状况的义务。此外，《会员通告》建议公司还应考虑根据尽职调查的结果来制定首选保单贴现机构和经纪人名单。

变额寿险保单贴现的发起人还被要求：①满足全国证券交易商协会的第 2320 条规定（NASD Rule2320）的"最佳执行"义务（包括根据价格、执行效率和执行质量以及相关市场参与者的可靠性为消费者确定最佳交易）。②培训并监督相关人员，在参与交易时遵守美国金融业监管局（FINRA）和美国证券交易委员会（SEC）的适用规则（包括与赔偿有关的规则）。向各成员发出的通知明确指出，价格并不是能否满足要求的决定性因素。

《会员通告》以泛泛的声明结束，除了变额寿险保单的保单贴现之外，"全国证券交易商协会还关注其成员和相关人员是否以投资为目的参与了人寿保险保单的后续营销和权益出售"而这也让市场参与者产生了猜疑：未来美国金融业监管局（FINRA）是否会将所有寿险保单贴现都定性为证券。

市场的下步发展

保单贴现可以为消费者提供利益，因为交易允许消费者将不想要的或不需要的人寿保单出售。保单贴现也可以为投资者提供利益，因为交易可以使投资者获得不受资本市场表现影响的回报。而且随着即将退休的婴儿潮的退休，越来越多的消费者愿意在二级市场上出售他们的人寿保单，从而吸引了更多的投资者参与到这个市场中。建立标准文本、规则、最佳案例和提高交易透明度（披露与此交易相关的代理人、经纪人和其他中介机构的收入），可以进一步降低保单贴现的交易成本，从而使得投资者在这个行业中变得更加活跃。

除了离岸投资基金一直活跃之外，机构投资者也已经开始参与到保单贴现市场中。2007 年，多家大型投资银行联合成立了机构寿命市场协会（Institutional Life Markets Association，ILMA），它是一个非营利性组织，旨在鼓励发展与死亡率和寿命相关的金融产品，包括保单贴现和保费融资。[34]除投资银行外，还有一些人寿保险公司也开始对保单贴现市场感兴趣。例如 2007 年，泛美寿命贴现方案有限责任公司（Transamerica Life Solutions，LLC）成立，旨在"为保单贴现市场开发提供创新的解决方案"。2008 年，凤凰公司（Phoenix Companies，Inc.）成立了自己的保单贴现机构——凤凰寿命贴现方案公司（Phoenix Life Solutions）。越来越多的市场参与者，正在积极开发保单贴现产品，创建新的商业模式。一些机构投资者已经编制了追踪人群寿命的指数。随着这些指数的发展，市场参与者正在创建一个综合性的保单贴现市场，投资者可以通过衍生品购买到与指数挂钩的金融产品。[35]

许多类似于商品交易所的保单贴现交易所目前正在运作，而且未来可能还会有更多。目前各个交易所的交易量有限，因为它们的成立时间相对较短，随着时间的推移其交易数量会逐渐增加。如果交易所模式能够成功，保单贴现行业的性质可能会发生重大变化。目前，保单贴现的投资者必须与保单贴现机构建立关系，保单贴现机构又必须通过经纪人获取保单。在受监管的州，要求有经营许可执照的保单贴现机构才可参与交易。然而，即使在不受监管的州，保单贴现机构通常也会参与其中。因为它们能通过保单贴现经纪人获取保单。如果保单贴现交易所能够充分发挥其潜力，投资者将可以更便利地购买保单贴现产品，就像投资者目前购买证券一样。

如果将保单贴现证券化，那么投资者通过资本市场参与保单贴现的机会将进一步增加。但是，有几个因素会导致基于已贴现的人寿保单资产证券化的延迟。一是寿命预测的不精确性，这一直是评级机构面临的主要障碍。他们试图使寿命预测达到足够准确的水平，但实践证明，即使是在纯保单贴现池（即没有年金或其他福利）中也很难实现。目前，有一种针对寿命预测风险的保险产品，它有助于评级机构对保单贴现证券化产品进行评级。但是迄今为止，资本市场还没有广泛接受这种产品。二是保单贴现行业主要参与者可能会面临的法律挑战，同样也减缓了保单贴现证券化的进展。尽管如此，但证券化能提供一种迄今为止保单贴现行业所没有的货币化策略，许多人认为它呈现了保单贴现市场的逻辑进程。

结论

保单贴现是一项有意义的交易，它通过资本市场向二级市场提供资金，并最终使中产阶级消费者从中受益。但是，保单贴现也是一项复杂的交易，它涉及保险、税收、隐私、遗产规划、消费者保护等多方面，有时还会涉及证券法规。与资本市场内的其他资产类别一样，监管机构和市场参与者肩负着制定行业相关政策的任务，考虑行业发展的同时还要保护好消费者。与此同时，保单贴现机构近年正不断开发新产品，以适应新的市场参与者和监管规则，并试图通过发展新业务来将人寿保险与资本市场相融合。未来，保单贴现市场应该会保持近年来的增长速度发展下去。

注释

1 《布莱克法律词典》将现金退保价值定义为"具有现金价值的保险单（如终身寿险保单）在
   到期或死亡前被赎回时的应付金额"。参见《布莱克法律词典》1586 页（第八版，2004 年）。
   为了获得其现金退保价值，保单持有人必须将人寿保险单交给签发保单的保险公司。

2 康宁研究咨询有限公司（Conning Research & Consulting, Inc.）的《保单贴现：增长的新挑
   战》（2008 年）一文称：2007 年美国人寿保险贴现金额约为 120 亿美元，从 2008 ～ 2017 年，
   预计平均每年的人寿保险贴现金额将为 210 亿美元。

3 如果一个人比预期提前退休，或比预期活得更长，保单贴现也可以作为他获得现金以维持其
   生活质量的一种选择。由于这个原因，保单贴现有时被称为对冲"长寿风险"。

4 参见格雷斯比诉拉塞尔案，222 卷，第 149 页，第 156 页（1911）（引用乔治三世的第 14 章，
   第 48 章）。

5 参见格雷斯比，222 卷，第 149 页。

6 参见格雷斯比，222 卷，第 155 ～ 156 页（"法律没有普遍的愤世嫉俗的恐惧，因为死亡会带
   来金钱利益。"）。

7 参见格雷斯比，56 版，第 133 页，律师版律师头注（引用乔治·T. 休斯）。

8 viatical 这个词来自拉丁语 viaticum。意味着"要去旅行。"《圣母大学拉丁语词典与语法辅
   助》。根据天主教的宗教传统，在开始一次危险的旅程之前，罗马士兵们会得到一段真空
   期——向垂死的人分发圣餐。

9 尽管有这一通用术语，但一些州还是通过立法认定"保单贴现"和"终末期疾病贴现"这两
   个术语可以互换使用。随着时间的推移，保单贴现在很大程度上取代了终末期疾病贴现，成
   为市场参与者的首选商业模式。

10 美国保险监督官协会于 1993 年通过了第一部《终末期疾病贴现法》，并于 2000 年和 2007 年
   进行了修订。

11 虽然法律因州而异，但一般而言，人寿保险公司在发行人寿保单后有两年的时间，除非投保
   人存在不支付保费或某些类型的欺诈或虚假陈述行为，否则保险公司不可置疑保单的可执行
   性。参见约翰·艾伦·阿普尔曼，《阿普尔曼保险》第 2 编，第 29 卷，第 178.03 节，第 120
   页，2006。

12 例如，参见犹他州保险专员布尔。2006 – 3（2006 年 7 月 10 日）。具体来说，这些警报解释
   说，个人一生只能获得有限的人寿保险，并且参与陌生人发起的交易可能会使个人无法在他
   或她合法需要的时候购买人寿保险，STOLI 警报还向消费者提供与保单贴现相关的潜在不利
   税务后果的信息。

13 STOLI（Stranger – Originated Life Insurance）是为了第三方投资者的利益而购买人寿保单的做

法或计划，在保单发起时，投资人对被保险人没有任何保险利益。STOLI 的做法包括但不限于：在保单制定时，个人或实体以资源或担保下购买人寿保险，而该个人或实体在保单制定时，无法自行或合法地发起保单，且在制定时，有一项安排或协议，无论是口头的还是书面的，直接或间接地将保单的所有权或保单利益转让给第三方。信托是为了赋予保险利益而被用来为投资者购买保单，这违反了保险利益法和禁止对生命下注的规定。STOLI 安排不包括本法案第 2 部分 L 条第（2）款规定的那些做法。参见《保单贴现示范法》第 2 节（Y）（2007）。

14 除薪酬披露外，NAIC 和 NCOIL 的法案还规定，保单贴现机构和经纪人还需向保单持有人（NAIC 法案中的"贴现人"和 NCOIL 法的"所有人"）解释以下事项：（1）解释存在替代保单贴现合同的选项；（2）贴现后，保单持有人可解除贴现合同的权利期限（如有）；（3）经纪人对保单持有人的信托责任。

15 《终末期疾病贴现示范法》（2007 版）第 8 节（C）款第（4）项和第（5）项。

16 《保单贴现示范法》（2007 版）第 9 节（C）款第（4）项和第（5）项。

17 一般来说，保险业支持 NAIC 法案规定的保单五年禁售期；经纪人、保单贴现机构和机构投资者支持 NCOIL 法案规定的保单两年禁售期。

18 参见加拿大太阳人寿保险公司诉保尔森案，2008 U. S Dist. LEXIS 11719, aff'd, 2008 U. S Dist. LEXIS 99633. 另见：第一太平洋人寿保险公司诉埃文斯案，2007 U. S. Dist. LEXIS 45112, aff'd, 2009U. S. APP. LEXIS 3921。

19 参见斯塔斯伯格诉纽约人寿保险公司案，2007 WL 2572396（D. Utah）。

20 参见安盛公平人寿保险股份有限公司诉英飞尼迪金融集团有限公司一案，诉状编号 08 - 80611（S. D. Fla. 2008 年 6 月 6 日）。

21 参见克莱默诉洛克伍德养老金服务公司案，对投诉的处理结果，编号 08 - 02429（2008 年 4 月 9 日，S. D. N. Y.），对修改后的合规摘要的回答，编号 08 - 02429（2008 年 5 月 29 日，S. D. N. Y.）。

22 参见寿命产品清算有限责任公司诉安格尔案，530 F. Supp. 2d 646（S. D. N. Y 2008）。

23 由于寿险保单贴现投资的回报与传统经济市场关联甚小，因此保单贴现有时被称为"不相关"的资产类别。

24 参见 SEC 诉互惠公司案，323 F. Supp. 2d 1337（SD Fla. 2004）。

25 参见 SEC 诉 W. J. 豪威公司案，328 U. S. 293（1946）。

26 Id.

27 参见互惠案，323 F. Supp. 2d at 14。

28 Id. 15.

29 "这种方法具有相应的优势……允许证券交易委员会和法院有足够的灵活性，以确保那些从事市场投资的人无法通过创建不受更明确定义所涵盖的新证券工具来逃避证券法的覆盖范围。"见 ID 第 20 页引用的里夫斯诉恩斯特·杨案，494 U. S. 56，n. 2。

30 保单贴现，NASD 致会员通告06 – 38（2006 年 8 月 9 日）。

31 Id.

32 参见拉里·金诉艾伦·梅尔泽案，CV07 – 06813（C. D. Cal），（2007 年 10 月 22 日归档）。所涉及的保单贴现交易是利用实益权益转让计划完成的。金先生的控诉称，参与这些交易的代理人交易时并没有向他披露交易费用，也没有未告知代理人会从中收取佣金。

33 参见《全国证券商协会会员须知03 – 71》（2003 年 11 月）。隐私问题在保单贴现纠纷中尤其敏感，因为一个人的机密信息，如病史和其他医疗信息，可能会被泄露。

34 ILMA 的创始成员包括贝尔斯登有限公司，瑞士信贷、高盛、瑞穗国际、瑞银集团和西德意志银行。2008 年，EFG 国际银行和摩根大通也加入了 ILMA。

35 国际掉期和衍生品协会已考虑编制与死亡率和寿命相关的衍生产品的相关表格文件。

17

保单贴现监管问题探讨

——监管问题与保险公司的反应

乔治·J. 凯瑟 （George J. Keiser）

美国保险监督官协会

北达科他州众议院

关于监管问题的争论

"保险利益"一直是传统人寿保险经营的基石。20 世纪 90 年代，终末期疾病贴现的出现，导致人寿保险业发生戏剧性转变。人们认识到，身患绝症的被保险人可能会选择将保单出售给投资者以立即获得收入，这一认识永久性地改变了寿险行业的格局。保险业开发的具有退保现金价值的寿险产品就是一个例子，标志着人们开始意识到寿险保单在公开市场上具有现金价值。

最初，终末期疾病贴现业务基本不受监管。然而没过多久，立法者和州保险监管机构开始收到消费者和人寿保险公司关于终末期疾病贴现行业早期实践的反馈。消费者抱怨称，他们没能充分了解税务影响、不清楚代理商或经纪人的佣金，甚至不清楚他们的保单是否取得了最佳的价格。此外，还存在一些欺诈行为如"涂改单证"。

各州政策制定者很快就开始制定终末期疾病贴现领域的法规，以解决发现的问题。他们通过在州一级制定示范立法，有效解决了市场透明度、信息披露和市场营销等方面存在的问题。

保险公司对新出现的终末期疾病贴现市场是有顾虑的，因为它确实改变了传统的寿险精算模型。保险公司意识到购买人寿保单的投资者资金雄厚，不太可能让保单失效，所以投资者最终必然能获得足额的身故保险金。艾滋病是推动早期保单贴现市场的主要终末期疾病，这些持有保单的年轻人支付的保费较低且剩余寿命较短，这样的保单为保单贴现创造了投资机会。随着医疗费用不断上涨、收入普遍下降、难以维持就业以及保单受益人变少，保险公司预计这类人的保单可能会有更高的失效率。但恰恰相反，它们并未选择终止保单，而是选择将其出售给投资者，从而获得即时收入，以用于支付生活费用、医疗费用和其他消费费用等。

最终，由于能够满足患有终末期疾病的保单持有人的需求，在监管机构的约束下，这种终末期疾病贴现模式才被普遍接受。这种普遍接受的状况为政策制定者提供了一段短暂的平静期。21 世纪初期，随着终末期疾病贴现市场的成熟，保单贴现机构、经纪人和投资者认识到，身体相对健康的个人所持有的非终身制寿险保单也可能具有重大的经济价值。很快，终末期疾病贴现模式发展演变为我们今天的寿险保单贴现模式。

立法者和监管机构再次被卷入到了这次辩论中。保险公司对保单贴现的潜在滥用表示担忧，他们公开声明，主要是针对 STOLI，也就是陌生人发起的人寿保险。从政策制定者、监管机构和保险公司的角度来看，STOLI 交易明显违反了保险利益原则。人寿保险行业和保单贴现行业一致认为，需要通过立法来消除 STOLI。因为其道德风险的影响是显而易见的：投保人虽然愿意支付保险费，但与被保险人关系不大甚至没有关系，维持被保险人生命对他没有任何价值。此外，如果这种模式继续存在，它将极大地改变人们以往购买保险的动机和基本原则，并且会对现有的精算与核保模型造成一定的挑战。

在关于 STOLI 的争辩期间，保单失效率的影响重新受到关注。寿险业很多专业的核保模型都假定了预期的失效率，这是寿险定价结构中的一个重要因素。保险公司担心 STOLI 可能会降低保单失效率，从而增加人寿保险的总成本，导致消费者需支付的保费增加。

虽然保险公司公开表示了对 STOLI 的担忧，但是实质上，保单贴现对保单失效率的影响更大。显然，随着合法的保单贴现行业的规模不断提升，人寿保单的失效率将大幅下降。

选区代表（无论是选举产生的还是任命的）的原则之一是，当发现问题时，要尽快采取行动，因为选民/支持者时刻在关注你。所以立法者和监管者出于政治需要对保单贴现行业采取了监管措施。"陌生人保单"为监管机构和立法者提供了一个近乎完美的参与机会，证明他们参与解决了问题并向公众提供了保护。此外，可能导致保费费率上涨的任何因素，都是政策制定者关注的问题。

然而，在寻找 STOLI 的法定解决方案的过程中发生了一件耐人寻味的事情。开始时，寿险保单贴现业、人寿保险业、消费者保护组织、监管机构和立法者中的每个人，都只是强烈反对 STOLI。但是在制订 STOLI 监管规则和法定解决方案的过程中，讨论范围经常扩大到 STOLI 之外，开始涉及和影响保单贴现行业。

美国保险监督官协会（NAIC）和全国保险立法者协会（NCOIL），这两个组织与人寿保险行业和保单贴现行业合作，通过制定各州新法案或修订原有法案这两种不同的方法，来解决 STOLI 带来的问题。NAIC 的法案采用间接方法，重点关注的是所有权转让、保费融资方式，以及将保险公司的可抗辩期从 2 年增加到 5 年，从而间接将保单禁售期增加到 5 年。而 NCOIL 的法案采用更直接的方法，将 STOLI 定性为欺诈行为，强调交易的透明度，并规定了相应的惩罚措施。

在更详细地了解 NCOIL 和 NAIC 的法案之前，重要的是要认识到目前保单贴现行业中的政策发展变化非常快，并且当前的法案仅代表了当前的政策状态。人们希望 NCOIL 和 NAIC 的这两种法案能够在不久的将来继续完善健全。

NAIC 示范法

所有权转让

NAIC 的法案要求经纪人和保单贴现机构向保险公司披露，针对生效 5 年内的保单，所开展的保单贴现（包括终末期疾病贴现和寿险保单贴现）的所有计划或交易。虽然，在终末期疾病贴现或寿险保单贴现中，聚焦于所有权转让的意图是良好的，但是，NAIC 的法案可能创造了一个重大的漏洞，那就是 STOLI 的合法化。例如，如果没有通过终末期疾病贴现或寿险保单贴现交易，但是所有权依然发生了转移怎么办？假定信托从第一天开始拥有该保单，被保险人拥有信托 5% 或 10% 或有限百分比的所有权，投资者拥有信托相对多数的比例，该信托是否能够通过反 STOLI 测试？是否可以使用有限责任合伙企业、有限责任公司或其他商业模式规避所有权转让问题？实际上，通过信托、有限责任公司、有限责任合伙企业或其他模式，仍可实现 STOLI，而 NAIC 的法案并不能防范上述情况。

保费融资方式

以往，人们用自己的钱来购买人寿保险，或者使用公司的钱来购买要员保险。这使得保险公司的精算工作相对简单，所以在相当长的时期内，保险公司采用 2 年的可抗辩期是合理的。但是，现在保单持有人希望使用其他融资方法进行保费的支付，原因有很多。例如，拥有低流动性但高净值资产的客户期望使用另一种不同的方式来支付保费。最终，具有追索权和无追索权的融资计划逐渐发展并进入人寿保险市场。这些替代融资方式，尤其是无追索权融资计划，对人寿保险业的精算工作造成了很大的影响，也引发了许多问题。确定融资形式的适用性标准是什么？如果可以确定融资适用性标准，是否允许保险公司从潜在被保险人那里获得适当的信息？保险公司对具有追索权的融资计划表示担忧，并直接将无追索权融资计划视为有意创造 STOLI 的工具。

可抗辩期/禁售期

NAIC 的法案针对 STOLI 问题采用的是间接方法。它只是将可抗辩期从传统的 2 年延长到 5 年，间接地将保单禁售期由 2 年延长到 5 年。人们普遍认为，延长可抗辩期将打击希望从事 STOLI 交易的投资者的积极性。

将可抗辩期从 2 年延长至 5 年，对合法的保单贴现行业也产生了重大影响，这引发了人们对保单所有者的财产权和保险公司的可抗辩权之间的争论。

保单可抗辩期延长后，如果保单持有人出于任何原因想要出售该保单，则需要额外再持有 3 年。人寿保险行业强烈支持将可抗辩期从 2 年延长到 5 年，这显然会打击可能倾向于参与 STOLI 的投资者的积极性。但与此同时，它也降低了投资者参与合法寿险保单贴现交易的兴趣。

综上所述，对投资者的影响是显而易见的。从政策角度来看，更重要的是对保单持有人造成了什么影响。延期带来了额外的 3 年持有期，导致投资者几乎没有兴趣来购买保单，即使乐观些，3 年期后保单得以出售，但保单现金价值也会大打折扣。从保单持有人的角度来看，延长的 3 年可抗辩期没有任何意义。

NAIC 在其法案中增加了 6 个豁免条件，使得 5 年禁售期可以被豁免，这在一定程度上维护了保单持有人的权利。这 6 个豁免条件分别是：

（1）持有人或被保险人患有终末期疾病或慢性疾病（传统的终末期疾病贴现模式）。

（2）持有人的配偶去世。

（3）持有人与他/她的配偶离婚。

（4）持有人从全职工作中退休。

（5）持有人身体或精神残疾。

（6）破产。

这些豁免条件再次如预期一般，为绕过反 STOLI 法规和保单融资机制提供了机会。这直接带来了两个问题，第一个是有关时间期限的问题。如果被保险人满足豁免条件的其中一项，那么两年的可抗辩期是否仍适用于寿险保单贴现交易行为？第二个问题是，这是否在无意中将 STOLI 合法化了？例如，如果某人提出使用保费融资来购买保单，并随后在 6 个月或一年后退休，那么他是否可以参与保单贴现交易或 STOLI 交易？尽管通常是无意的，但规则的豁免条件经常会创造规避规则的机会。还有一项豁免条件令人担忧，那就是持有人配偶死亡的情况。虽然不常见，但有大量案件的家庭成员被指控犯有谋杀罪，其目的是获取身故保险金，所以这一豁免条件显然提高了道德风险。

将可抗辩期从 2 年延长至 5 年，得到了人寿保险业的大力支持，但却遭到了保单贴现行业的普遍反对。尽管可抗辩期扩展旨在限制 STOLI 交易，但实际上并没有消除它们。而且，正如上段所分析的那样，法案中的 6 个豁免条件，事实上可能会增加类似 STOLI 的交易。

延长可抗辩期对合法的保单贴现行业造成了极大的影响，甚至有观点认为，这可能是人寿保险行业的主要动机。但如前所述，保单贴现正在改变人寿保险的模式。首先，投资者不太可能让购买的保单失效。其次，保单贴现可以提供超过保单现金价值的贴现金额，这会驱使人们更加愿意购买人寿保险。

NAIC 法案的缺点是没有对 STOLI 进行定性，并且没有制定相应的惩罚条款。该法案还将保险监管机构的角色扩展到了证券领域。从政策角度来看，我们有必要建立一个连续的监管体系，但要明确界定保险监管和证券监管的界限，从而避免双重监管产生不必要的成本以及监管机构之间存在潜在分歧等情况的发生。证券监管机构对 NAIC 法案持的负面态度似乎是合理的。人们不禁想知道，如果证券监管机构开始制定除证券外还包括保险产品的示范法案，保险监管机构会作何反应。

全国保险立法者协会（NCOIL）采用了直接方法制定法案以管控 STOLI。首先，该组织定义了 STOLI，如下：

"陌生人保单"（stranger-originated life insurance，STOLI）是为了第三方投资者的利益而购买人寿保单的做法或计划，第三方投资者在保单发起时对被保险人没有保险利益。STOLI 做法包括但不限于：在保单制定时，个人或实体以资源或担保购买人寿保险，而该个人或实体在保单制定时，无法自行或合法地发起保单，且在制定时，有一项安排或协议，无论是口头的还是书面的，直接或间接地将保单的所有权或保单利益转让给第三方。信托是为了赋予保险利益而被用来为投资者购买保单，这违反了保险利益法和禁止对生命进行投注的规定。STOLI 约定不包括本法第 2 部分 L 条第（2）款规定的那些做法。

NCOIL 对 STOLI 的定义有几个关键点。首先，法案只针对 STOLI，对保单的生效时期进行限制，因而不会干扰合法的保单贴现交易。其次，该定义通过确认"保单是为第三方投资者的利益而产生的，而该第三方在保单发起时对被保险人没有保险利益"，从而解决了可保利益的问题。再次，明确了

STOLI 约定可以是口头或书面的，可以是直接或间接地向第三方转让所有权。最后，该定义直接解释了"为了赋予保险利益而产生的信托"。通过在 STOLI 定义中加入这种形式的信托，NCOIL 法案填补了 NAIC 法案的漏洞。

给 STOLI 下定义是消除 STOLI 的第一步。NCOIL 的法案将其定性为欺诈行为，因为它违反了以下法规：《关于保单贴现业务相关的任何人、保单贴现机构、经纪人或任何其他当事人违反〈欺诈性保单贴现法〉(*Fraudulent Life Settlement Act*) 的条例》。该法案还指出，违反欺诈性保单贴现法的人同样犯有保险欺诈罪。将 STOLI 定义为欺诈性行为，将发挥现有州立保险法规的监管和民事部门的作用，规定监管机构有权在适当时候吊销经营许可证并处以民事处罚。

NCOIL 法案强调了透明度，要求经纪人向保险公司和保单持有人进行适当的披露。经纪人必须披露所有保单贴现的购买要约，以及其与提供要约的公司签订的任何从属关系、合同安排和报酬的相关情况，NAIC 法案有同样的披露要求。

然而，这两种法案在对保险公司的披露要求方面却存在很大差异。NAIC 法案要求经纪人和保单贴现机构向保险公司披露生效五年内的保单参加的关于保单贴现的任何计划或交易。但是，法案却没有要求对由信托购买的保单的相关信息进行披露。

NCOIL 法案规定：

● 保险公司可以在投保申请中查询保单持有人的保费融资方式，包括保单持有人是否有意愿使用保单作为抵押物向出借人进行保费融资。

● 允许保险公司根据保费融资的方式拒绝投保申请。

● 允许保险公司要求经纪人、代理人和保单持有人，证明申请人尚未签订将来准备出售保单的协议。

根据 NCOIL 法案的规定来看，人寿保险公司显然有权决定是否签发保单。提供所需信息为人寿保险公司及其核保人创造了更公平的竞争环境。它允许保险公司在不损害保单持有人权利的情况下做出明智的选择。

NAIC 法案和 NCOIL 法案之间有两个重要的区别。第一，NAIC 法案要求保单贴现机构和经纪人提供 25000 美元的保证金，而 NCOIL 法案不要求保单贴现机构或经纪人缴纳保证金。NAIC 的保证金要求对人口较小的州产生了负面影响，因为少量的交易无法承担保证金带来的额外成本。例如，在北达科他州，一些保单贴现机构和经纪人因为保证金要求的出现而主动要求吊销他们的许可证。第二，NCOIL 法案允许保单持有人在合同生效后 15 天之内（含）撤销合同，而 NAIC 法案提供更长的犹豫期。

关于 STOLI 和保单贴现的争辩尚未结束。表 17.1 总结了各州关于 STO-LI/保单贴现的立法现状。

表 17.1　　　　　　各州内有关 STOLI/保单贴现的立法现状

州	法案	内容来源	目前状况
加利福尼亚	SB 124	NCOIL	第一次听证会发鼓。未能通过委员会，06/23/008
哥伦比亚特区	B17 - 0294	NCOIL 2001 版	举行公开聆讯，06/04/08
伊利诺斯	SB 2358 HB 4941	NCOIL NAIC	参议院第 2 号修正案，请参阅规则，07/01/08 重新提交规则委员会，05/31/08
马萨诸塞	HB 1052 HB 932	NAIC 投资者发起的人寿保险的研究法案	机构随附的指令，04/09/08 机构随附的指令，04/09/08
纽约	AB 1169 - B SB 8593 AB 7265 SB 8007 SB 7356 AB 10401	NCOIL NCOIL LICONY NY Ins. Dept. Proposal NY Ins. Dept. Proposal LICONY	进行了三读，06/24/08 提到保险法，06/18/08 再次提到保险法，04/04/08 再次进行了三读，05/28/08 提到保险法，03/27/08 提到保险法，04/28/08
亚利桑那	SB 2513	NCOIL	由纳波利塔诺州长签署，05/23/08
康涅狄格	HB 5512	NCOIL 融入现行法律	州长雷尔签署，06/12/08
夏威夷	HB94	NCOIL	由林格州长签署，06/1608
印第安纳	HB 1379	NCOIL	丹尼尔斯州长签署，03/21/08
爱荷华	SF 2392	NAIC	卡尔弗州长签署，05/09/08
堪萨斯	HB 2110	NCOIL	由西贝利厄斯总督批准，04/21/08
肯塔基	HB 348	NCOIL	由总督弗莱彻签署，04/09/08

续表

州	法案	内容来源	目前状况
缅因	LD 2091	NCOIL	巴尔达克州长签字，04/02/08
内布拉斯加	LB 853	NAIC	鲍尔达奇州长签字，07/18/08
俄亥俄	HB 404	NAIC 附带其他条款	由思特里克兰德州长签字，06/11/08
俄克拉荷马	SB 190 SB 565	NAIC SB 1980 修正草案	亨利总督签署，05/19/08 亨利总督签署，05/23/08
西弗吉尼亚	SB 704	NAIC	经曼钦州长批准，03/14/08
阿拉巴马	SB 534 HB 759	NCOIL NCOIL	参议院，一读后提交给银行和保险委员会，03/25/08 银行和保险委员会进行了审订，03/27/08
佐治亚	SB 499	NCOIL	机构进行了二读，03/11/08
夏威夷	SB 3246 SB 3021 HB 3099	NCOIL NAIC NAIC	CPH 委员会推迟了这项措施，02/07/08 委员会建议采取推迟措施，03/18/08 参照 HLT，CPC/JUD，FIN，推荐表7，1/25/08
爱荷华	SF 2385	NCOIL	提到商业性质，04/02/08
路易斯安那	SB 380 SB 247	最初是 NCOIL。目前是 NAIC NAIC/NCOIL 共同主导	未能通过委员会，04/30/08 未能通过保险委员会，03/31/08
明尼苏达	SB 3495 SB 3063 HB 3878	NCOIL NAIC	提到商业法和劳动法，03/06/08 提到商业法和劳动法，03/06/08 发起一读，提及商业法和劳动法，03/06/08
纽约	SB 5447 AB 8507	LISA LICONY	提到保险法，04/25/08 提到保险法，01/09/08
罗德岛	HB 7442 – SUB A SB 2603 – SUB A	NCOIL NCOIL	州长卡瑞尔否决了该法案，07/02/08 州长卡瑞尔再次否决了该法案，07/02/08
华盛顿	SB 6631 HB 3067	NCOIL	公开举行了听证会，01/31/08 提交规则委员会进行二读，02/06/08
佛蒙特	HB 819	NAIC	一读，提到商务委员会，02/05/08

可以肯定的是，下一个立法周期针对 STOLI 和保单贴现将会有更多的法律行动。此外，NCOIL 和 NAIC 将积极解决立法过程中产生的政策问题。表 17.1 表明各州选择 NCOIL 法案、NAIC 法案或混合法案作为本州的保单贴现法案，其中，混合法案通常是将 NAIC 法案中的 5 年可抗辩期添加到 NCOIL 法案。不过，在可抗辩期这一点上，两个示范法案按照各自的规定执行，每个州可以采用其偏好的法案，并按照各自的政策进行适当调整。

随着争论的持续进行，有关方面都应仔细考虑以下四项基本原则。

第一，保险利益原则作为人寿保险业的基石，为确保人寿保险的完整性，必须予以维持和保护。人寿保险业和保单贴现业在保证保险利益的有效性方面具有既得利益。如果没有保险利益，人寿保险就变成了一种证券。

第二，保单贴现提供了一种合法的商业模式，在某些情况下，它为保单持有人提供了一个理想的解决方案。虽然在保险公司的权利与保单持有人的产权之间取得适当的平衡很重要，但如果符合保险利益规定，就应更重视保单持有人的权益。

第三，交易必须透明。保单持有人、保险公司和保单贴现机构有权获得做出决策所需的信息，以便决定出售保单、签发保单或购买保单。其中，保单持有人相对保险公司和保单贴现公司来说，在获得相关信息的机会和能力最弱。州立法应明确消费者在交易中必须提供的信息。但是，寿险公司和保单贴现机构应该承担收集信息的责任。政策制定者还需要确保寿险公司和保单贴现机构有权获得做出合理决定所需要的信息。

第四，保单贴现可能会降低续保率，这会增加保险公司的成本，从而推动保单成本的上升。但是，有两种选择同样可能发生。一是通过消除 STOLI 和提供足够的信息透明度，保险公司可以进行合理的核保，这将最大限度地降低对保费费率的影响。二是保单贴现合同对提高个人财务计划中的寿险价值占比是有积极意义的，因为这可能会使其决定增加寿险保单的保障金额，这反过来大大增加了保险公司的保费收入。

在法案的制定过程中，不仅需要相关利益方的参与，也需要普通公众和立法者的参与。然而，保单贴现法律的现状是，很多人不了解也不关心其进展，认为其他人会帮助解决与其利益相关的政策。然而，政策的制定质量与各方的参与程度成正比。

18

保单贴现的税收影响

米卡·布卢姆菲尔德 （Micah W. Bloomfield）

斯特洛克律师事务所合伙人

根据 1986 年修订的《国内税收法典》（*Internal Revenue Code of* 1986，简称《法典》），可以看出，美国联邦政府对寿险保单持有人的税收政策好坏参半。尽管《法典》就若干问题进行了具体指导，但对于某些问题，并未提供指导，或者提供了指导，却未说明在何种情况下应用。

在本章中，我们将讨论两个议题：①《法典》对哪些情况提供了明确指导；②《法典》对哪些情况未提供明确指导。并特别强调《法典》适用于不直接从保险公司购买保单的交易者（即二级市场购买者）。

首先是一些基础知识。

如果符合适当的条件，人寿保单将受到非常优厚的税收待遇。例如，如果保单受益人不是被保险人的继承人，并且被保险人不具有与保单有关的所有权附带权，则无需缴纳联邦遗产税（见《法典》第 2042 节）。为确保被保险人不拥有所有权附带权，保单可通过信托持有，该信托满足关于其条款和受托人身份的特定要求（这就是大多数寿险保单由信托持有的原因）。《法典》第 7702A 节的规定，提供了另一个重要的税收优惠：除调整过的养老保险合同（MEC 保单*）外，保单持有人可以使用保单的累计现金价值从保险公司借款，并且在收到现金时无需支付税金。

人寿保险最大的好处之一是在大多数情况下身故保险金不需缴纳所得税，但前提是保单不是现持有人从原持有人处购买的，且也没有被视为有偿受让人。见《法典》第 101 节。[1] 不过，即使是有偿受让人也有一定的税收优惠。第一，尽管在保单存续期间保单的现金退保价值可能会提高，但这些增长不会以收入的形式纳入受让人财产中。第二，从保险公司收到的身故保险金已经减除了购买保单后所支付的保费，根据《法典》264 节第（4）条（a）款规定不需要缴税。

根据《法典》第 264 节的规定，在大多数情况下，不仅不允许扣除寿险保单的债务利息，也不允许扣除与该寿险保单有关的保费。这对于任何二级市场的购买者来说都是很严峻的问题，尤其是那些想借钱来购买保单的人。下文中将讨论某些可能可以处理利息减免问题的方法。

关于性质，基础和来源的公开问题

尽管针对人寿保险税务有明确的法规，但仍有一些基本问题《法典》没有解决，或者没有提供明确的指导。这些问题包括：①出售人寿保单而获取收益的性质（作为普通收入、资本利得或两者兼而有之）；②持有人手中的保单的税收标准，以及计算销售收益与销售损失时，该税收标准是否不同；③身故保险金所得的来源，这与外籍寿险保单持有人尤为相关。[2]

性质

出售大多数非存货资产时获得的收益被视为资本利得，如果该资产持有超过一年，则个体纳税人将受到优惠待遇（即享受较低的税率）。参见《法典》第 1221 节和第 1 节（h）款。[3] 然而，在人寿保险案例中，不同的法院案

---

* 调整过的养老保险合同（modified endowment contract，MEC 保单）。联邦税法规定，如果一份人寿保单在成立的时候，投入的保费超过联邦法的规定，或者累计的保费超过美国税收法规（IRC）的规定，这份保单就会被认定为 MEC。美国税务局认为 MEC 不是保险产品，而是投资产品，因此 MEC 保单会有税务和罚款的问题，不过，保险赔付还是免所得税的，所以购买保单的时候要避免被认定为 MEC。——译者注

例都认定，保单中退保现金价值的增加所带来的收益，应作为普通收入纳税。[4]尽管这一事实并不确定，但根据适用于所有财产的税收规定，任何超过退保现金价值的额外收益均为资本利得。然而，身故保险金或退保现金价值不涉及出售或交换，不应产生资本利得或损失。[5]

基础

在确定销售的收益或损失时，首先要知道纳税人的纳税基数，因为可税金额是由销售收入和纳税基数的差额决定的。参见《法典》第 1001 节。如前所述，《法典》规定，即使是权益受让人，也有权从其收益中扣除其购买价格以及所支付的保费。

还有一个类似的问题。人们认为在确定出售保单产生的收益时应该减去所缴纳的保费。然而，《法典》第 264 节第（1）条（a）款规定，如果纳税人是保单直接或间接的受益人，则不允许扣除已支付的保费，但是允许纳税人通过添加保费以超过税收基数，从而间接地扣除保费，这让人感觉有些前后矛盾。

协调法定法规的一种方法是在确定收益时允许增加基数，但在确定损失时不允许增加基数。同样的情况也适用于《法典》第 264 节所禁止的利息：尽管我们没有找到该结果的授权，但它可能会在确定收益时被增加到基数，而确定损失时不计入。1970 年国税局（IRS）发布的税收裁定证实，增加保费到基数上与基本条款（《法典》264 节）并不矛盾。该税收裁定认为，为员工购买保单的国内公司，公司被视为是受益人，当它以低于保费金额的方式将保单出售给员工，不需要将出售保单时的获利计入收入（见《税务准则》70-38，1970-1 CB 11）。

然而，销售金额低于退保现金价值的情况确实不太可能出现。［参见科恩案，44 BTA 709（1941）］。另见备受争议的福布斯公司案［Forbes Lithograph Mfg. Co. v. White，42 F. 2d 287（D. Ct. Mass. 1930）］，该案件使得纳税人蒙受的损失等于保费支出与保单退保现金价值之间的全部差额。美国国税局认为，必须降低保险保障成本的基数，而通常保险保障成本可以估算为低于保单的退保现金价值的保费（即现金价值减去总保费）（见 PLR 9443020；ILM 2005 04001.）[6]。这是在《税务准则》中明确规定的，但该准则已经过时

（见《税务准则》55 – 257，55 – 1 CB 428，已废弃，《税务准则》72 – 621，72 – 2 CB 651）。还有几起法庭案件认为保险保障成本降低了基数，但他们只是在衡量损失的情况下才这样做，可参见以下具体案件：

科斯通公司案［Keystone Consolidated Publishing Co. v. Comm'r, 26 BTA 1210（1932）］，不同意上述福布斯公司案的裁决结果；

伦敦鞋业公司案［London Shoe Co V. Comm'r, 80 F. 2d 230（2d Cir. 1935）］，关于退保；

世纪公司案［Century Wood Preserving Co. v. Comm'r, 69 F. 2d 967（3d Cir. 1934）］，关于保单出售。

来源

另一个不确定的方面是被保险人的身故保险金的来源，尽管美国国税局（IRS）已表明了对此事的看法。[7] 有关来源的规则对于不在美国经营业务的外籍保单持有人来说尤为重要。这是因为美国对外国人的征税通常取决于：①收入是否与外国人在美国的业务有实际联系；②收入是"固定的还是每年可确定的，还是定期的"（fixed or determinable annual or periodical，FDAP）；③收入是源自美国还是国外。除非税收协定另有规定，或者外籍纳税人在美国开展业务且收入与该业务有关，否则根据美国 FDAP 规定，须缴纳 30% 的代扣所得税。

在 2004 年修订的《税务准则》中，美国国税局规定，外国人从美国人寿保险公司签发的人寿保险单的现金价值中提款，来源于美国且为 FDAP，因此需缴纳 30% 的预扣税。它通过类比美国公司支付股息和利息的情况，得出了收入源于美国的结论。尽管可能会有反对的意见，但人寿保险的收益（除非根据《法典》第 101 条规定不包括在总收入内）很可能被视为 FDAP 和源自美国来处理，特别是当被保险人是美国公民或居民的时候。

就人寿保单的出售而言，情况大不相同。出售人寿保单产生的收入很明显不是 FDAP。[8] 无论是否是源自美国，只有当收益与在美国经营的业务有实际联系时，才可以征税。[9]

应对收入扣除限制的结构

如今市场上已经创建了许多不同的结构来应对《法典》第 264 节的收入扣除限制。一种结构是有限合伙或有限责任公司通过利用发行优先合伙权益而产生的资金购买人寿保单。如果合伙企业有义务在不考虑合伙企业利益的情况下就这些权益支付款项，而这些款项可能被视为《法典》第 707 条规定的担保支付款项。担保支付在许多方面与其他支出相似（不同于收入分配），因此美国国税局应该意识到，担保支付的款项不应该给予计税抵扣。

另一种结构是利用外国公司购买人寿保险。目前，外国公司的收入一般被计入美国股东的当期收入中，一种是控制型外国公司（Controlled Foreign Companies，CFC）的 Subpart F 收入；另一种是被动外国投资公司（Passive Foreign Investment Company，PFIC）收入的一部分。虽然有些人认为，出售人寿保单所得的收益不是 Subpart F 收入，持有这些保单也不会使外国公司成为 PFIC。[10] 根据《法典》第 264 条（a）款规定，禁止外国公司通过购买保单获利，但《法典》没有条款禁止外国公司为确定利润而支付款项。而 Subpart F 和 PFIC 的收入是基于企业收入和利润的，所以利息费用被减少了。

如上所述，利用外国公司持有人寿保单的一个风险是，基于 FDAP 的规则，需缴纳 30% 的预扣所得税。但是，根据税收协定的规定，即使外国公司的受益所有人是美国公民或居民，30% 的预扣税也可能会被取消。例如，详见爱尔兰与美国之间以及卢森堡与美国之间的双重税收协定。但是，必须满足相关条约的利益限制条款。

另一个风险是外国公司可能在美国从事贸易或业务。如果它通过常设机构在美国从事贸易或业务，那么即使有适用的条约，该公司也将按正常的公司税率纳税，并可能需要缴纳分支机构所得税。因此需要仔细规划，以避免公司的代理业务产生常设机构。

贷款计划： 不同情况下的变化

有些人通过向保单购买者提供贷款，或通过给希望借款支付保费的保单持有人提供信贷支持，间接获得寿险经济效益。

提供贷款而不直接获得人寿保单所有权的一个好处是，《法典》第 264

节规定的收入扣除限制并不适用于贷款。[11]

贷款计划同样面临税收优惠和风险。例如，在美国发起贷款的外国公司可能被视为在美国从事贸易，因此如果在美国进行任何非行政管理活动，则需要缴纳净收入所得税和分支机构的利得税。贷款可能也将受到财政条例第 1 部分的 61 – 22 款和 1. 7872 – 15 款规定的分拆美元规则（the split dollar regulations）的约束。

分拆美元规则（the split dollar regulations）于 2003 年正式实施，其中提到如何处理不止一人对保单享有权益的情况。因此，该规则适用于雇主或雇员双方都拥有经济利益的人寿保险。当一个人拥有该保单而另一个人以该保单贷款时，该规则同样适用。该规则的基本目的是采用固定的方式确定谁是保单的所有者（通常是保单持有人）。

如果非持有人已经向持有人或保险公司预付了款项，而且期望获得全额偿付，那么这一方的支付款项将被视作由非持有人提供的贷款（不管偿付是否有利息，或者在一般税收处理原则下，预付款是否被视为贷款）。如果付款没有被视为贷款，那么它们将被视为非持有人向持有人提供经济利益。这是除了雇主—雇员保险之外，分拆美元规则适用的另一种情形。而他们若使用形式所有权规则，有时会导致意外的结果。

税收立法和未来发展

国会一直关注与被保险人没有保险利益的个人或实体购买人寿保险的问题。2006 年，它增加了《法典》6050V 部分，该部分要求当慈善机构有意购买人寿保单时，需向美国国税局提交信息申报表 8921。该条款有效期至 2008 年 9 月。国会还要求美国国税局在 2009 年 3 月之前，就慈善机构作为人寿保单的受益人的情况提交报告。考虑到人寿保单的二级市场交易逐步增多，以及纽约州律师协会和美国国税局预期发布的报告，未来几年内部分公开税务问题极有可能得到妥善的处理。

注释

1 在大多数雇主拥有的人寿保险的情况下，收入排除有一个例外。参见《法典》第 101 条（j）

款，这是 2006 年的《养老金保护法》新增的。还应注意，并非所有由人寿保险公司签发的保单都有资格获得优惠待遇。该保单必须满足《法典》第 7702 条中的定义，该定义通常旨在确保该保单不同于投资合同。

2　有关其中一些问题的详细讨论，请参阅《秃鹫资本税务手册——与保单贴现相关的金融投资税务问题的简要解答》，《金融产品税务杂志》，第 3 期的第 37 页（2007 年）；未发表的税务俱乐部文章《保单贴现：关于未决主题的一些想法》，詹姆斯·A. 瓜迪亚纳，2008 年 2 月 13 日。2008 年 12 月 5 日，纽约州律师协会税务部门（the Tax Section of the New York State Bar Association）发布了一份关于保单贴现税收的报告，名为《投资者所有制人寿保险报告》。

3　同样，出售此类财产的损失通常是资本损失，这是一项不利的税收待遇。

4　见加伦诉科姆一案，327F. 2d 809（1964 年，第 7 巡回法庭，一般收入项下转入收入的案件，为出售保单的退保现金价值）；克罗克诉科姆一案，37 TC 605（1962 年）。参见堪萨斯城第一纳特银行诉科姆案，309F. 2d 587（1962 年，第八巡回法庭，年金保单出售）；科姆诉菲利普斯案，275F. 2d 33（1959 年，第四巡回法庭，养老政策）。

5　提出这一论点的人引用了《法典》第 1234 节第 A 条和"TAM 200452033"（认为第 1234 节第 A 条不适用于保单退保所收到的金额，因为保价值是会增加的）。正如一些专家所说的那样，第 1234 节第 A 条不适用于涉及个人生命而非财产的合同。另见《法典》第 72 节（e）款。

6　只有当退保现金价值增加时，才会支持基准利率的上升，《税收法》第 1 部分的 264（a）-4（d）（将保险成本资本化到现金退保值所增加的程度）。

7　见《税务准则》2004 - 75，2004 - 2 CB 109 详述见《税务准则》2004 - 97，2004 - 2 CB516；ILM200646001（2006 年 8 月 14 日）。

8　见《税收法》第 1 部分的 871 - 7（b）(1) 和 1. 1441 - 2（b）（从出售资产获得的收益通常不包括在 FDAP 中）。

9　有关有效关联收入的定义，见《法典》第 864 节及其相关规定。

10　他们认为，人寿保单虽然会带来收入，而不会产生利息、股息、佣金或其他费用，因此不增加其出售给外国个人控股公司的收入。见《法典》第 954 节（c）条。

11　然而，应该指出的是，如果贷款预付款是由被保险人的年金提供资金的，则《法典》第 264 条的限制可适用于为年金提供资金所支付金额的利息。

第 6 部分
伦理

19
保单贴现的伦理问题[1]

大卫·布莱克（David Blake）
养老金研究所主任，卡斯商学院教授

黛比·哈里森 （Debbie Harrison）
养老金研究所研究助理

课题调研赞助商：德意志银行　EFG 国际　高盛　苏格兰皇家银行

本章我们参考了我们自行开展的文案调查结果以及过去六年所发布的关于美国保单贴现市场的相关报告，对有关保单贴现的道德伦理问题进行了研究，资料主要来自贝氏（A. M. Best）报告、伯恩斯坦（Bernstein）报告和沃顿商学院（Wharton）报告，以及《保单贴现报告》（*Life Settlement Report*，*LSR*）的定期市场报道。[2]

保单贴现市场增长的潜在障碍之一是，以某人的寿命为标的而获利是否合乎道德。显然，那些有宗教信仰或持反对意见的人不会做相关的投资，如果投资者可以获得透明公开的信息（见下文），那么可以免于在不知情的情况下间接投资此类资产。

除了宗教异议之外，自 18 世纪人寿保险存在以来，人们一直在关注保险与赌博或投机之间的区别。

可以说，人寿保险和年金保险是通过经营死亡率和长寿风险来获利的。

在定期人寿保险中，那些寿命超过预期的人会交叉补贴那些寿命低于预期的人，而年金保险则相反。类似的原则适用于普通保险：例如，房屋没烧毁的保单持有人交叉补贴房屋已被完全烧毁的保单持有人。然而，尽管风险共担的基本原则是相同的，但普通保险似乎并没有人寿保险和年金保险所面临的道德问题。

死亡率预测是很多金融产品的特征，如人寿保险、养老金固定收益计划、年金保险（个人和企业）以及财产出让融资计划（equity release plan）等。可以说，与年金保险出资方一样，养老金计划出资方从养老金领取者的早期死亡中获益。相反，当个人的寿命超过其保险期限时，保险公司就会获益。这些市场都相当成熟，所以对"死亡率投注"的担忧只有少数情况会发生，比如，在英国强制购买年金保险引起了某些宗教异议。此外，可以说对已知即将死亡的个人进行投注与对根据死亡率验证即将死亡的大型匿名群体进行投注，这两种交易的伦理道德差别是巨大的。

投资者发现人寿保险产品缺乏流动性，美国保单贴现市场应运而生。他们意识到，由于寿险公司在寿险保单买家市场具有垄断的地位，给客户提供的退保现金价值远低于二级市场提供的价格，不过这反而为保单贴现公司提供了获益的机会，即便存在着风险。正因为有这种机会，保单贴现市场才得以产生。此外，二级市场提高了原有市场的效率。在其他市场中，这种改善市场低效率的行为并不被视为道德问题，而且如果保单贴现市场能使市场的效率达到最佳实践标准（见下文），那么就更没有理由认为保单贴现市场存在道德问题了。此外，有观点认为二级市场流动性实际上可能有助于一级市场的增长，因为潜在的投保人认识到如果未来他们需求发生了变化，可以不再继续持有保单。

重要的是，保单贴现市场是新兴人寿保险市场的先锋，全球市场正在发展，以交易与寿险相关的证券和衍生品。保单贴现市场的经验有助于加快和改善更为广泛的寿险市场的发展，这可能对养老金计划及其受益者产生积极影响。

保单持有人的公平待遇

从伦理道德的角度来看，潜在的保单卖家应该清楚地了解第三方将从他们的死亡中受益。老年人所持有的保单是最受欢迎的，因为他们的预期寿命更短，一般差不多为 3~4 年。然而，在出售保单时，这些人的家属可能是损失最大的。对于那些关注交易道德的监管机构和投资者而言，为保单持有人提供可接受的且真正独立的建议是非常重要的。此外，最佳的做法可能是获得保单受益人的同意。这种做法已经被普遍实行，但是根据 LSR 的报道仍然有很多法律案件，在由信托所持的保单所有权进行转让时，受益人并未收到通知，而且这张保单是在 STOLI 安排下购买的，老年人以贷款甚至以保费融资的方式支付了保费并最终将保单出售给投资人。

对于一个监管良好的市场，保单持有人在出售保单时也必须合理或合乎道德。因此，对 STOLI 和保费融资的担忧被更广泛地理解并传播给保单持有人是很重要的。当然，如果保险公司认为个人办理保单时存在某种欺诈行为，即被保险人的意图是尽快将保单出售给投资人，保险公司将会极度重视。与此同时，如果保单持有人正在从投资者那里获得资金以支付保费，那么他们可能在不知不觉中受到 STOLI 的牵连。

中介机构的最佳实践标准

几乎无一例外，关于保单贴现市场的独立研究报告和 LSR 的半月刊刊物，都引发了人们对不良销售行为的担忧，这可能意味着市场对保单持有人疏于保护和/或对投资者的陈述不当。目前，保险公司和立法者正在审查 STOLI 案件。LSR 援引了美国的一些法律案例，当身故保险金在被保险人死亡后支付给保单贴现公司时，亲属对这种情况提起诉讼。[3]如果保单是在信托中持有的，并且信托是由投资者或相关受托公司建立的，这种情况会更加复杂。

为了避免这种做法，保险公司在投保申请书上专门询问个人是否打算出售保单的做法变得越来越普遍。但保单持有人是否计划出售的真实意愿很难被证实，因为保单持有人在保单生效之后很可能会改变原来的想法。如果在保单生效之前，投资者为了获得后续购买保单的权利，已经向个人提供支付保费的资金，那么保单持有人在购买保单前就计划将其出售的预谋是显而易见的。这些对美国法院来说是复杂的法律问题，也取决于各州对保险利益的具体法律定义。

从最终投资者的角度来看，此类诉讼的结果（以及未来监管的变化）是重要的，因为如果在投保时存在违规导致保险公司对索赔提出异议，这可能会影响投资组合中保单的回报率。伯恩斯坦称，这对市场来说是一个重要问题，如果不加以解决，可能引发保单贴现基金投资者的诉讼，因为他们被误导认为自己会获得比以往更高的回报。

考虑到目前市场尚不成熟，基本上无法获得长期业绩数据，所以无法评估此类案件对投资者回报的影响。而综合市场可能可以为投资者提供另一种解决方案，因为它可以使投资者避免直接投资人寿保单。[4]

投资者信息透明度

"只投资于您了解的产品"这一格言，警示了终端投资者在投资之前需要深入了解保单贴现市场。虽然"死亡债券"的说法没有给保单贴现提供正面宣传——尤其是在零售市场——但投资者必须明白被保险人的死亡给他们创造了回报，且早于预期的死亡创造的回报更高，这一点至关重要。[5] 投资经理或保险公司的宣传材料以及任何中介机构的销售人员必须声明这一点。这样做有助于防止未来投资者声称自己不知情。事后看来，出于道德考虑，投资者很大程度上会选择另一种资产类别。

信息的透明度对直接投资者和机构基金投资者是很重要的，他们需要了解保单从生效到他们投资的期间内，这张保单的受益权从保单持有人转移到保单贴现公司或者中间方的流程和成本等信息。

对投资者来说，作为购买保单的依据，预期寿命报告的准确性也是很重要的。为了确定保单购买价格，保单贴现公司通常会参考两份独立的医疗报告来评估预期寿命。医疗报告包含了对每个个体健康问题的总结，包括相关个体的主要疾病或状况，以及寿命预测。对于保单贴现公司和最终投资者来说，重要的是要使用可靠的、最新的死亡率表，并且医务官评估健康状况变化的方法是合理的。医务官最常用的死亡率表是 2008 年 VBT 版（Valuation Basic Table）。

长寿风险，即业内所称的寿命延长风险，也是保单贴现投资者面临的主要风险之一。如果医疗报告基于保单持有人的已知病史低估了预期寿命，同时又使用了过于乐观的死亡率假设时，这种风险将会加剧。如果投资组合中个体的预期寿命区间在 3～15 年之间，1 年或者 2 年的低估将会对投资收益产生极大影响。贝氏公司在其 2005 年 9 月的报告中分析了潜在系统性低估死亡率的问题。[6] 研究表明，五年前建立的投资组合中被保险人的实际死亡时间与医疗报告预期不符。在 2008 年 3 月的报告中，贝氏指出，近年来，医务官似乎一直在发布更为保守的死亡率估计值，但在同一保单下不同的医疗报告仍然存在较大差异，这些报告的差异范围为 2～24 个月。

监管的明确性和一致性

1996 年，美国证券交易委员会（SEC）试图按照联邦证券法对终末期疾病贴现市场进行监管。虽然没有成功，但各个州都开始实行各自的监管规则。有一点值得强调：在撰写本文时，保单贴现并未正式归类为证券，且也未受到联邦一级的监管。

一些州（但不是所有）制定了具体的保单贴现法案。美国保险监督官协会（NAIC）代表美国 50 个州发布了保单贴现法案。伯恩斯坦（Bernstein）报告显示，截至 2005 年，36 个州实施了某种形式的监管，如贴现金占保单面值的最低百分比等。保单贴现监管的第二个要点是，保单持有人必须等保单生效两年后才可以将保单出售给第三方。

销售代理人或经纪人许可证的发放不太一致。在大约 15 个州，拥有标准人寿保险许可证的代理商可以在二级市场交易保单。但在其他州没有这种许可证并不妨碍交易。此外，代理人或经纪人是否在保险监管机构注册，取决于他们所处的州。

值得注意的是，许多州正在审查市场监管法规。例如，2008 年 2 月 LSR 关于俄亥俄州的报告称，为了消除 STOLI 做法，规定生效满 5 年的保单才可进行贴现，并要求保单贴现公司向州保险监管部门进行登记。LSR 的报告中还称印第安纳州众议院试图实施类似的立法，但目前似乎停滞不前，部分原因是保单贴现公司的反对。

强制实行 5 年的可抗辩期，使得 STOLI 与保费融资相结合的做法不再那么有吸引力。因为可抗辩期延长至五年，导致被保险人在保单可以进行贴现之前死亡的可能性提高，在这种情况下，很可能会发生投资者支付了保费，而身故保险金却归被保险人的家属所有。

沃顿商学院的报告指出，消费者担忧的事情主要出现在终末期疾病贴现市场中，在寿险保单贴现市场中，很少出现欺诈行为。它还指出，信誉良好的保单贴现公司是自我监管的，并提到了保单贴现研究院（LSI）在这方面做出了重大贡献，LSI 是一家非营利性机构，主要由几家保单贴现机构和融资机构提供支持。[7]

2002 年，LSI 开始建立反欺诈数据库，供公司共享有关保单持有人、经纪人、医务官（见下文）以及交易过程其他各方的可疑或欺诈行为的信息。LSI 认为，保单贴现应归类为证券，以确保市场符合《1933 年证券法》。《沃顿商学院报告》（第 38 页）在其结论中表达了这样一种担忧：人寿保险公司可能试图以各种方式阻挠二级市场的发展，干扰保单持有人向第三方出售保单的权利：

> 在本文中，我们证实了一个具有竞争力的寿险保单的二级市场提高了新保单持有人和存量保单持有人的利益。因此，制定法规以保护二级市场的消费者和投资者的利益符合立法者的职责。由于参与和投资人寿保险二级市场有利于促进竞争，因此立法者应积极制定鼓励而不是阻止参与和投资此类市场的法规。

关于监管的最后一点，《华尔街日报》的一篇报道称，监管机构担心某些为保单贴现公司购买保单的经纪人通过提交虚假报价来操纵保单的投标过程，以从其他市场参与者处获利。[8]这种做法可能对保单的卖方和买方都产生非常不利的影响。

贝氏公司在 2008 年 3 月发布的关于保单贴现市场的报告中，提出了受良好监管的市场所需具备的条件清单，该报告标题为《保单贴现证券化》：

- 提高预测被保险人寿命预期的通用方法的透明度和标准化，包括发布关于医务官以往表现的数据。
- 保单贴现定价的透明度。
- 参与交易的中介机构所赚取佣金的透明度。
- 就个人隐私信息提供有效的保障，包括原保单持有人的身份、健康状况和财务状况。
- 有效的行业监管和监督，包括自我监管。
- 建立信用评级机构标准，用于评估与保单贴现交易相关的信用风险。

结论

根据本章的分析，我们认为，在道德和监管方面，保单贴现市场的最佳做法应符合以下标准。

（1）考虑将与死亡相关资产的伦理道德，作为投资者道德或 SRI 原则的一部分：如果产品和交易流程是透明的，个人投资者可以根据个人观点和信仰选择是否投资于保单贴现市场。但是，机构投资者应在现有的社会责任投资（SRI）原则下，考虑保单贴现资产的道德问题。

鉴于保单贴现是新兴资产，机构投资者可能需要重新审查 SRI 原则，以考虑这些原则是否应该包括与保单贴现相关的条款。当机构（例如养老金计划成员或慈善机构）代表私人进行投资时，信息披露可能是一个重要的问题。

（2）保单持有人的公平待遇：透明度对保单持有人来说是一个重要问题，他们需要了解第三方将从被保险人死亡中受益。能否获得独立的咨询意见至关重要，因为保单持有人需要了解其他可选的融资方式，尤其是保险公司提供的替代保单贴现的产品，例如保单贷款。最佳做法是，保单持有人应该在出售保单前通知受益人。

保单持有人也应遵守道德规范，这要求他们向保险公司提供任何有关 STOLI 和保费融资安排的准确信息。

（3）对最终投资者的公平对待：对 STOLI 行为的监管也与投资者相关，因为如果理赔案件受到质疑，预期的身故保险金将会支付给死者的家属，导致投资者无法获得身故保险金，从会蒙受损失。此外，正如确定保单购买价格是基于预期寿命报告的一致性假设一样，定价和中间过程的透明度是对投资者的重要保障。尤其是保单定价所使用的预期寿命，应该是真实寿命预期的无偏差估计。此外，应经常对预期寿命报告提供者的预期准确性进行评价和回顾。

（4）监管的明确性和一致性：贝氏公司在 2008 年 3 月发布的报告中的分析非常透彻，其建议也很恰当。该公司主张提高寿命预测方法的透明度和标准化，包括发布医务官历史表现的数据、保单贴现定价的透明度、中介机构赚取佣金的透明度、保单持有人个人隐私信息保护、有效的自我监管，以及建立信用评级机构标准，来评估与保单贴现交易相关的信用风险。此外，我们还应该在美国所有 50 个州，进行统一的立法和监管，以提高市场效率和市场声誉。

（5）综合的保单贴现服务：对于投资者而言，综合保单贴现服务解决了保单贴现组合在构建过程中的时间问题及其他问题，有助于降低成本。综合保单贴现服务的预期寿命评估同样需要采取非常审慎的态度。综合保单贴现服务会消除投资者在交易中的一些非长寿风险。这些风险包括：文档管理风险、投资组合低分散性风险、监管问题、行政负担、跨境税务风险（非美国投资者）、产能提升的风险、保单/被保险人数量不足以及保险公司信用风险。[9]

（6）二级市场对保险公司盈利能力和定价的影响：现在预测二级寿险市场对一级市场的影响还为时尚早。我们注意到，在一级市场占比高的保险公司会受到负面影响，其利润率因预期保单失效率的降低而下滑，但失效率因保险公司、产品种类、被保险人年龄和保单的保险期间而有所差异，目前保单年均失效率约为 6%。[10]然而，随着二级市场的发展，人们对人寿保险的兴趣增加，这为因保险公司垄断而导致无法在二级市场出售的保单创造了流动性。保险公司可能通过提高退保现金价值和/或提供替代的可选方案来创新，以与保单贴现公司竞争，例如可在死亡时偿还的保单抵押贷款。在这两种情况下，消费者都可间接地从保单贴现市场中获益。但我们应意识到，如果保险公司改善退保条款，可能会减少二级市场的保单交易量。

除了保险公司的创新举措之外，公众对终身寿险保单高度关注带来的结果是：潜在投保人及其顾问可能会认为定期保单和投资计划的结合，既能满足投资需求，又能满足保障需求，且综合成本更低。

虽然保单贴现的二级市场处于起步阶段，综合保单贴现服务市场几乎刚刚诞生，但两者都会快速发展起来。因此立法者、监管者和所有参与者都应密切关注它们在美国所有州的发展，并致力于实现市场监管标准。如果能够实现这一点，那么道德问题应该不再是一个重要问题。而一个监管良好、信息透明的保单贴现市场将为寿险保单持有人提供更强的流动性，并为投资者提供一个理想的新资产类别。此外，它还将为人寿保险市场更广泛的发展奠定坚实的基础。

注释

1 本章摘自养老金研究所的报告，《死亡不应具有支配权：保单贴现和从死亡中获利的伦理》，2008 年 7 月出版。(http：//pensions－institute. org/deathshallhavennodominationfinal－3july08. pdf)

2 《保单贴现证券化》，贝氏（A. M. Best）公司，2008 年 3 月，www. ambestcom/debt/lifesettlement. pdf，以下简称贝氏报告；苏尼特·卡马斯和蒂莫斯·斯雷奇，《人寿保险远景：保单贴现不必令人不安》，2005 年 3 月伯恩斯坦研究电话会议报告，www. bernsteinresearch. com，以下简称伯恩斯坦报告；尼尔·A. 多蒂（Neil A. Doherty）和哈尔·J. 辛格（Hal J. Singer），《二级市场对人寿保险的好处》，沃顿商学院，2002 年 10 月，www. coventry. com/pdfs/wharton. pdf；保单贴现报告（www. dealflowmedia. com），以下简称沃顿报告。

3 参见示例 LSR，2008 年 2 月 21 日（www. dealflowmedia. com）。

4 通过总回报置换或结构性票据对保单的综合风险敞口，可能会让投资者消除人寿保单中固有的某些风险，如寿险公司信用风险、监管风险等。一些经销商已经开始发行与寿命相关的交易，而且完全不涉及保单。

5 "死亡债券"的描述于 2007 年 2 月 21 日出现在《华尔街日报》的标题中。不过，目前为止该术语并未被业界使用，这完全可以理解。

6 《保单贴现证券化》，贝氏公司，2005 年 9 月。

7 www. lifesettlementsinstitute. com 除了 LSI 之外，还有寿险保单贴现协会，该协会拥有约 175 个（www. lisassociation. org）的普通会员。

8 WSJ，2006 年 5 月 2 日。

9 当一个投资组合由少量的大额保单组成时，就会出现投资组合的不确定性：这会导致投资组合的多样化程度低。在投资组合或基金建设过程中，当保单（或任何资产）是在一段时间内逐个收购时，就会出现上涨风险。风险在于投资方没有获得足够的保单（资产）来形成多样化的风险敞口，也就是说，投资组合的分散性差。

10 资料来源：保险信息研究所（www. iii. org）。

索引对照

合成型寿命资产（初级读本）

乔纳森·T. 萨多夫斯基（Jonathan T. Sadowsky）
布朗多夫·佩姆有限责任公司财务总监/投资组合经理

马修·C. 布朗多夫（Matthew C. Browndorf）
布朗多夫·佩姆有限责任公司首席投资官

概述

任何在保单贴现领域接受过培训的投资者都应熟练把握与投资实物保单相关的内在特定风险和成本，例如 STOLI（陌生人发起的人寿保险）、撤销、可保利益、可抗辩性、承保欺诈和保险公司的信用风险等。合成型资产的出现，有助于缓解所有上述风险，投资者通过换取掉期交易对手风险，降低其实际付出的保单成本。不仅使交易对手风险的量化、管理和对冲更加容易，也使投资者能够更准确、有效地确定其风险特征。

一般来说，衍生产品是一种价值源于标的资产的金融契约或证券，即本书中的贴现保单。衍生产品主要有两个功能：一是风险转移，例如对冲策略；二是在无需持有某实物资产的情况下获得该资产的经济收益，例如投机和套利策略。

具体而言，合成型寿命资产是一种双边金融合约，不仅隔离了特定保单组合的长寿风险，而且还将风险从一方转移到另一方。如此一来，合成型资产是一种风险转移机制，将保单贴现实物资产所有权相关定性因素（如法律风险、保单特有的其他风险以及成本）与长寿风险的所有权和管理权分离，从而提高长寿资产市场整体的效率和流动性。

合成型资产的类型

合成型资产获得长寿风险的途径有很多，如掉期、票据和指数。合成型资产的优势在于：可以让投资者不受市场上现有实物保单供应的限制，而仅仅受各相关方的创造力、建模能力和风险偏好的制约。潜在的风险结构，可以是反映全人口的系统性死亡率变化趋势的整个国家死亡率（即 β 长寿风险或宏观长寿风险），也可以是包含 46000 个个体的指数，还可以是一个由投资者选择的特定个体组合（即特殊风险、微观风险或 α 长寿风险）。合成型资产可以通过结构化，模拟保单实物组合的经济收益和现金流；或者作为一种纯粹的与寿命相关的票据，在投资期限内观察到的资产池的死亡率经验基础上构建而成，当票据到期时才会产生现金流。

合成型资产的第一个主要类型是掉期。根据双方事先商定好的一套方法或规则，参照标的人寿保单和到期人寿保单的方法，按照特定的条件设定固定金额或可变金额，双方交换现金流，达成交易。最基本的寿命掉期就像一个直通型工具，掉期买家有义务向掉期卖家支付一笔预先确定的保费，而掉期卖家则在死亡发生时向买家支付身故保险金。该保费额度，根据协定的投资组合中标的保单和有效的个体生命计算而得。根据投资者目标、市场条件和掉期交易对手对此类产品的意愿，可以采用前期杠杆和保费融资。如果投资者希望复制实物投资组合的现金流，并在一定时期内获得收益（即身故保险金超过所缴保费的部分），不妨选择寿命掉期。

对于一些投资者，在投资期间不想要或不需要临时现金流，他们可以购买与寿命挂钩的票据。这种票据的标的投资组合就像一种指数产品，其价值随着所欠保费的减少而下降，随着组成部分（即保单）到期日的延长而上涨。初始指数价值通常是按面值设定的，而最终的指数价值取决于票据到期时所获得的身故保险金的金额。根据投资者的目标，票据的期限通常在 1 ~ 10 年之间。

还有一些混合结构的票据，其收益和现金流是基于实际死亡率经验，而非保单现金流。这类票据一般根据死亡率来支付一笔固定金额，并设定死亡人数上限和下限，旨在为投资者提供更稳定的回报。每个生命周期所支付的固定金额，综合考虑预期死亡率模型、保费、融资和身故保险金数额等要素。当然，还可以创建其他结构，如寿命期权和掉期期权等。

此外，与实物保单不同，合成型资产的收益分配结构可以依据投资者的需求，利用合成型资产进行定制。形式上例如：总收益、固定息票、固定期限或本金保护结构等。

合成型资产较实物资产的优势

下表从资本配置效率、风险缓解、投资组合构建的灵活性和可定制的多样性等方面，详细阐述了合成型资产相较于实物保单而言的优势。列表内容相当全面，旨在证明合成型资产如何能够准确地锁定寿命投资者想要的风险和经济效益，又如何规避实物资产中的缺点和不足。合成型资产最大的优点是可以按照投资者的需求和目标，采用有效方式量身定制产品。

描述	实物资产（保单）	合成型资产（掉期/票据/指数）
投资组合选择与构建	在公开市场上购买个人保单：非常耗时、昂贵和低效。难以准确构建符合预期风险特征的投资组合。	买方和卖方之间协商交易，其中生命（个体）和所有风险特征都是高度可定制的，交易迅速有效。长寿命风险和期望的现金流可以针对投资者的目标进行构建。
生命（个体）的多样化	通常每个投资组合由 20～100 个生命（个体）组成，但这取决于投资组合的规模和当前的市场供应。生命（个体）越多，就越难寻找和分析。	只要投资组合规模在 100～46000 个生命（个体）左右，均可实现高度定制的多元化投资。根据风险特征偏好，大多数投资组合的规模为 500～1000 个生命（个体）。
1 亿美元规模的积累风险	积累期可能需要 3～9 个月。保证在资产优质性的前提下，规模越大积累难度越大。	积累期通常只需几天，具体取决于投资条款清单的复杂性。在保证资产优质性的前提下，其交易规模可自由调整，不受限制。

描述	实物资产（保单）	合成型资产（掉期/票据/指数）
投资组合集中风险	集中风险可能很大，因为它依赖于市场当前的保单供应情况。建立一个名义金额相等的实体投资组合非常困难的。	可以通过构建每个个体名义金额相等的合成型资产来降低集中风险。
负选择风险	风险可能很大，因为它依赖于当前市场上的保单供应。	风险很小，因为构建合成型资产时的投资组合多样化程度极高。
保险公司信用风险	实物资产还需承担保险公司信用风险。而对冲此类风险的难度很大，成本也很高。	合成型资产的买家可以选择承担保险公司的信用风险，以获得更高的收益率，但他们没有义务这样做。
其他非长寿风险	实物资产具有的其他风险包括：法律风险、解约风险、可保利益风险、可抗辩性风险、材料虚假风险、承保欺诈风险、结算风险、管理风险、监管风险、声誉风险、跟踪风险和跨境税务风险等。	合成型资产只存在掉期交易对手风险，这比实物保单的风险更容易量化、管理和对冲。而保单的其他所有风险均由掉期交易对手方承担。
释放流动性	流动性非常低。因为出售保单投资组合需要进行大量的尽职调查，即便有很多资源可供利用。一个规模可观的投资组合可能需要 3~6 个月的时间才能找到买家，而这对于急需资金或急于终止（因支付保费而产生的）负现金流的卖家而言是不理想的。	流动性非常高。就像大多数衍生工具一样，掉期卖方几乎总是会给出平仓价格。折让的市价取决于投资组合的构成，因为它们必须取代这种风险，并将成本转嫁出去。由于是定制交易，掉期很难过户给另一方，因此最初的卖方通常是唯一的平仓选择。
保费融资	目前，很难找到保费融资的资金，即便能找到，其融资成本也相当高昂。此外，由于目前的市场条件，只有预期的身故保险金作为抵押是不足够的，因此需要追加抵押额外的资产。	可以将保费融资构建在合成型资产的结构中。由于掉期交易对手的内部资本成本较低，所以其保费融资成本通常低于传统的硬通货资金成本。
投资者的定价风险	由于实物资产的非流动性，以及目前缺乏按市值计价的规则，只持有实物资产的投资者对其资产的真实价值存在极大的不确定性。	与所有场外衍生品一样，合成型资产也需要根据最新的模型和市场信息，定期（至少每月）按市值计价。掉期交易对手的估值模型非常复杂。
杠杆作用	在实物资产中很难获得杠杆。除非银行接受这些资产作为贷款抵押品，但这在当今市场并不常见。	根据某些因素（包括市场状况和掉期交易对手风险），合成型资产可以提供前期杠杆。

续表

描述	实物资产（保单）	合成型资产（掉期/票据/指数）
风险指向性	实物投资者只能做空长寿风险（只有标的资产到期日比预期提前时才可获益）。	从定制投资组合到大型指数，再到整个国家的死亡率，合成型资产投资者可以做多或做空任何投资组合的长寿风险。
保单成本	成本高。运营、服务和管理成本，以及法律和承保的尽职调查成本都很高，而通常在购买时并未将其考虑在内，这很快会侵蚀掉收益，导致无法实现较高的初始内部收益率（IRRS）。	无。只要实际死亡率等于预期的死亡率，所购买掉期的初始内部收益率（IRRS）就能实现。
保单购买费用	佣金和贴现费用可能较为繁重。	无。

合成型资产的标的生命（个体）

实物保单投资仅限于购买保单贴现市场中的保单，这使得它们很难构建符合自己风险预期的投资组合。可保人口是总人口的子集，而保单贴现市场的保单持有人群是可保人口中的另一个子集，这类人群因各种原因选择出售保单。

合成型资产是多元化的，因为它们的底层标的可以多种多样，比如：国家的总人口，或是保单持有人相关的大型指数，或是定制的寿险投资组合，甚至是"参考生命群体"，即允许掉期卖方为这些群体的每一个体进行医学核保，并跟踪其生存状态，却不需要拥有实物保单。由于每个群体子集的动态和风险特征明显不同，需要采用不同的分析和建模方法。合成型资产可以将上述任何一个子集设为投资目标，为投资者提供了一个非常强大且便利的工具，构建投资者所需要的或者认为有价值的长寿风险标的，让他们进行投资。

对于套期保值的投资人来说，为了将参考池不匹配所导致的基础风险最小化，这种定制生命/寿命投资池的能力是非常有价值的。例如，一家养老基金试图对冲其长寿风险，需要构建合成型对冲结构，尽最大可能与已经设立的结构相匹配。但是，为了对冲养老金负债延期的可能性，采用基于整个美国人口死亡率或 100 个生命（个体）的掉期组合，显然没有多大意义。

合成型资产的估值

对合成型资产估值与对标的资产（贴现寿险保单）的估值是完全相同的。由于在本书的其他部分已经有这方面的描述，在此不做赘述。可以设想，我们讨论的合成型掉期复制了实际保单组合的经济学相关属性。虽然死亡本身是一定会发生的，但死亡率却绝非如此。因此，对于所有合成型长寿资产，其价值评估基础是：对潜在死亡率曲线的建模以及未来每一生命个体（或投资组合）死亡率的产生预期的概率。

随着保单贴现市场的日益成熟，人们开发出了更先进的定价模型。大多数经验丰富的投资者都会使用某一版本的概率定价模型输入不同的信息，如年龄、性别、吸烟情况、净值、健康受损情况和其他医疗信息、保单期限和合适的死亡率表等，创建未来一定期限的实际预期死亡率曲线。根据被保险人的年龄，可能需要调整所使用的死亡率表，因为对较为年长个体所使用的保单贴现特定的参数（即上述模型中需要输入的信息）相对较少。另外，被保险人年龄组的预期寿命会随时间的推移而发生变化，因此还需要对长期死亡率进行额外调整，但这种调整是往往是非常主观的。一方面，由于未来许多因素，如健康咨询和营养资讯越发普及、医疗技术的不断进步，增加了人类的平均寿命，形成了寿命延长的趋势。另一方面，由于感染性疾病重新出现、先前受控的病毒产生抗生素耐药菌株、空气和水资源的污染加剧、近年肥胖人数增加，以及老年人口系数不断上升，未来美国的社会保障和医疗体系面临巨大压力，所以死亡率改善的情况可能会被逆转。

正如第 16 章所讨论的，颁布的预期寿命值是被保险人的预期死亡率分布的平均值，该死亡率分布基于存活到每个年龄的概率，是具有一定作用。但是缺乏死亡率曲线其他信息，如标准偏差、峰度和偏度，这些信息将能定义被保险人的死亡率曲线的准确形状。在这种情况下，在不同情景下采用单一预期寿命值在评估长寿资产时，投资者需要谨慎对待。因为这些情景不仅包括预期死亡率曲线的平行移动，还应该包括曲线的形状移动，应该解释说明不同的标准偏差、峰度和偏度值。对于一个每个生命（个体）名义金额相等的多样化投资组合来说，采用混合死亡率曲线，可以缓解大部分曲线形状的问题。为了将曲线形状的风险最小化，投资组合必须多样化，这不仅需要组合中包含大量生命（个体），即至少350个生命（个体），以最小化预期寿命概率标准偏差的分散度；而且还需要考虑健康受损情况、地理区域、社会经济群体和预期寿命等因素。合成型资产工具使投资者能够非常容易且有效地做到这一点，远没有实物投资组合的积累那么困难。此外，对于整个投资组合而言，风险特征因素之间的多样化程度越高，预期收益的波动性就会越小，对模型的置信度也就越高。

一旦定义了标的死亡率曲线，就可以根据当前到保单到期的死亡率曲线，计算出相应的两组现金流。死亡率曲线的概率，也可以看作生存率曲线的概率，将量化被保险人在每个时间段内死亡的预期概率，或者从另一个角度来看，存活到那个时间点的概率。这种曲线构建原理与信用违约互换模型中的违约概率曲线相似。对于某些死亡率曲线延长到保单到期日之后的情况，还需要进行相应调整，以确保那些个体的身故保险金不会被遗漏。

第一组现金流，即到期日前的预期保费流出，或者是保单的保险成本；第二组现金流，即预期收到的身故保险金的现金流。两者都与死亡率曲线的概率成比例相关。计算两组现金流之后，将这些现金流按投资者要求的内部收益率（IRR）折现回当前，获得该资产的净现值（NPV）。

除了对实际保单现金流进行估值外，还必须考虑掉期结构中内置的保费融资，其需求和现金流也与死亡率曲线的概率有关。保费融资成本将对资产的最终净现值产生显著的影响，由于掉期交易对手的大多数融资来源往往会分布到一个月的Libor上（有时是三个月的Libor，取决于掉期条款），因此必须进行Libor曲线建模，以估计未来的融资利率。

最后，分析合成型资产的内部收益率。如果掉期有效期内的实际死亡率等于预期（模型）死亡率，则实现了交易执行时计算的初始内部收益率。在计算初始内部收益率时，购买者通常不会考虑实物保单等隐性成本。在实物保单交易时，这些成本会导致实际的回报远低于预期，包括购买保单时所需的法律和核保尽职调查，以及年度服务、管理和运营等。另外，解除或失效风险也会影响到回报率，有一小部分实物保单投资组合存在这种风险。不过，在合成型资产中并不存在此类情况。

结论

对于经验丰富的长寿风险投资者来说，合成型工具为获取定制的长寿风险投资组合和经济创收，提供了新的途径。它们还提供了做空和做多的能力、选择投资时间范围的灵活性，以及对原本难以对冲的实物保单特定风险和成本进行缓解的能力等，这些在实物保单市场上都是不可能实现的。此外，由于合成型资产不像实物资产那样存在隐性成本，因此投资者对预期回报有更高的信心，对决定将资金配置在何处也大有裨益。展望未来，在投机者和套期保值者需求的推动下，合成型资产的结构创新是可以预见的和可持续的，将有助于进一步提高这一资产类别的效益和流动性。

N